イスラーム・ジェンダー・スタディーズ

長沢栄治 監修
鳥山純子 編著

4 *Tales from the Field*

フィールド経験からの語り

明石書店

「イスラーム・ジェンダー・スタディーズ」シリーズ刊行にあたって
――4『フィールド経験からの語り』

本シリーズは、「イスラーム・ジェンダー学」の研究成果を具体的な内容で分かりやく読者に示すことを目的にしています。

この第4巻のテーマは「フィールド経験からの語り」です。「はじめに」で述べられているとおり、「フィールド経験」とは相手との出会い、言いかえれば「他者」との出会いに他なりません。

さて、「他者」との出会いと言えば、そもそも私たちの人生そのものが「他者」との出会いの連続だとも考えられます。時の流れとともに、また自身とそれを取り巻く状況の変化によって、私たちはさまざまな「他者」との出会いを経験します。

多くの場合、人生で最初に出会う「他者」は、親や家族でしょう。しかし、成長するにつれ、この「もっとも親しい他者」に対して複雑な愛憎の感情を覚えることもあります。さらに「他者」との出会いとして大切なものに、異性との出会いがあります。そこでは、さまざまな「性」の在り方についても知ることになります。また、身体の一部が自由にならない人を「他者」として知ることもあれば、その逆の立場に身を置かれ、新しい「他者」と向き合うこともあります。学業や就職のために遠い場所で生活するようになれば、言葉（方言）や文化、そして宗教を異にする「他者」とも出会う機会が増えるでしょう。

このように人生を「他者」との出会いだと考えた場合、本書に執筆されている方々がまさにそうですが、あえて遠方の異文化社会のなかに入り込んで「他者」との出会いを積極的に求めようとする研究、このフィールドワークの持つ意味とはどこにあるのでしょうか。

エドワード・サイードは、音楽家ダニエル・バレンボエムとの対話のなかで、「他者」への向き合い方について議論を交わしています。バレンボエムが「他者」への無知を克服するための音楽という共通経験の重要性（アラブ人とイスラエル人の合同コンサート）を語るのに対して、サイードは、ゲーテを稀有な例だとして次のように応えます。ゲーテにとって「芸術とは、とりもなおさず『他者』へと向かう探検であって、自己に専心することではなかった」。いたずらに「自分の文化の価値観や帰属意識」に執着するのではなく「自己を外側に向けて投影し、より広い見識をもとうとすること」が大切である、と（バレンボエム、サイード 2004: 14）。芸術の場合と同様に、この点で、「他者」との出会いとしてのフィールドワークも、人間探求の営みとしての人文学が目指す一つの理想を共有しているのではないか、とも考えるのです。

「イスラーム・ジェンダー学」科研・研究代表者
長沢栄治（東京外国語大学アジア・アフリカ言語文化研究所フェロー／東京大学名誉教授）

【参考文献】

ダニエル・バレンボエム、エドワード・サイード（中村真紀子訳）（２００４）『音楽と社会』みすず書房。

※本シリーズの各巻は、日本学術振興会科学研究費補助金・基盤研究（Ａ）課題番号１６Ｈ０１８９９「イスラーム・ジェンダー学構築のための総合的基礎的研究」（２０１６～１９年度）および基盤研究（Ａ）課題番号２０Ｈ０００８５「イスラーム・ジェンダー学と現代的課題に関する応用的・実践的研究」（２０２０～２３年度）の成果の一部です。新ホームページのＵＲＬは、islam-gender.jp です。

はじめに

鳥山純子

本書の目的

フィールドワークとは、広くは、実験室や図書館ではない野外空間で行う調査をいう（佐藤 2006）。特定の人物と対話をすることもフィールドワークであれば、文字資料を探したり地質サンプルを採取することもフィールドワークである。そのなかでも本書では、現地に暮らす人びととの生活空間の共有や直接的やり取りのなかに知識の収集・構築を試みる「参与観察」に焦点を当てている。また本書では、イスラーム・ジェンダーそのものの議論よりも、個々の執筆者がフィールドワークで考えたこと、感じたこと、問うたことが主たる関心事になっている。つまり本書は、「フィールド経験」を扱う本であり、また、調査者に焦点を当てた、フィールドワーカーの本にもなっている。

本書でフィールドワークの経験、すなわち「フィールド経験」を取り上げたのは、イスラーム・ジェンダー、あるいはイスラームとジェンダーの両方を考える上で、人と人、人とモノとの生身のやりとりに立ち返り、それらが直接関わり、交歓し、すれ違い、折衝される現場経験のもとに、イスラーム・ジェンダーを議論する土台を見直す必要があると考えたからである。残念なことに、近年変化の兆しが見え始めたとはいえ、イスラームはまだまだ現代のグローバル社会における「異物」として扱われることが多い。２０01年のニューヨーク同時多発テロから20年を迎えた今日においても、イスラームが特定の価値基準（たとえば「反西洋」、「反人権主義」）のシンボルとして非難の対象とされることは珍しくない。こうした現状を打破するためには、グローバル秩序対イスラーム、という対立構造こそを見直し、イスラームとの分断ではなくつながりを模索する必要がある。そう考えたとき、改めて注目する必要があると感じたのが、ムスリムが多く暮らす地域の、あるいはムスリムを調査対象者とする調査者たちの「フィールド経験」である。

フィールドワークの目的

フィールドワークをしなければわからないこと、見えないことはとてつもなく多い。そこには、現地に「ある」ものだけでなく、人びとに生きられる現実に身をおくことで「見えてくるもの」もある。「生」の人類学を提唱する田辺は、知識とは「生きた身体に宿っている」ものだという（田辺 2003: 14）。知りたい情報はフィールドでむき出しの状態に「ある」わけではない。むしろそれらは現地の人びとの生活に身をおき、部分的であれ共有することで初めて「ある」と感じとることができるものである。そのような、調査者の個性や、現地の生活や、そこで交流する人びとと彼らの意見との往還のなかで初めて調査者の合点のなかに立ち現れるものこそ、私にとっては価値のある知識でありフィールドワークの成果である。生きた身体に宿る知識に触れ、それを感知できたと思えることこそに、フィールドワークの醍醐味はある。

フィールド経験から得ることができるのは、フィールドについての知識だけではない。フィールドワークからはまた、世の中の知識の大半が、全体のなかから人工的に切り出された物事の一部／一側面であるという実感を得ることができる。たとえば新聞や書籍で日々見聞きするイスラームに関する知識は、それが生きられていた状況や文脈から、半ば無理やり人工的に引きはがされ、切り取られ、抽出されたものである。イスラームも、その実態は人びとが生きる現実のなかにあり、人びととの具体的な行為のなかに生きられ、人びととの認識のなかで特定・固定される、総体としての「生」の一部である。フィールドでイスラームを探求したとしても、生の全体から純粋抽出されたイスラームに出会えるわけではない。イスラームもまた、生身の人間の生に埋め込まれた状態においてのみ出会うことができるものである。

なぜ「フィールド経験」なのか

そのため、実際のフィールドワークはと言えば、手間がかかり、お金がかかり、時間がかかる割には収穫が約束されず、コスパが悪い。物事の神髄にたどり着くどころか、みなが当たり前に知っていることを自分だけが知らない状態で、周囲の状況をどう理解してよいのか戸惑うままに所在なく過ごす時間も多い。フィールドノート（調査中にメモをとるノート）には、調査対象についての情報ではなく、あいまいな感想、不満、反省だけが溢れる日々も珍しくない。フィールドに行く前には、バリバリと情報を集めようと事前に計画を立ててはみるものの、実際に調査地へ赴いてみれば、思いがけない障害に立ちふさがれたり（存在しない住所を告げられる事や、明らかに事実ではない与太話を繰り返し聞かされることもある）、あれだけ膨らませていた調査へのやる気や関心が萎んだり、突然別のものにしか興味を感じられなくなったりすることもある。

本書が関心を向けるのは、そんなコスパの悪いフィールドワークにおいて、それでも何かを「ある」と感じたいがために執筆者一人ひとりが奮闘する姿と、そこで経験されるフィールドでの混乱や気まずさや小さな喜びである。こうした事柄は普段論文ではあまり描かれることのない個人的な感覚であるだけに、執筆過程では、ほとんどの執筆者がその文章化に躊躇や戸惑いを表明した。確かに、各章で描かれる感覚や感情は雑多で、状況的で、茫漠としたものや偶然生まれたものもあり、論理的整合性に欠けるものとの批判もあるかもしれない。

しかしそもそも知識とは、そうした雑多な感情の交感のなかで生まれるものであって、唯一無二の真実として存在するものではない。ある知識が生み出される具体的作業においては、利害関係をもその一部とする多様な人間関係のもとで情報収集、検討、整理、推論が間主観的に行われているはずである。こうした、主観性や限定性が「知識」の信ぴょう性を掘り崩すとは思えない。むしろそれだけ豊かな人間的経験のなかで、特定の瞬間の特定の文脈において「知識」が生み出されているということそのものが、フィールドワークの、そしてフィールド経験を語ることのさらなる可能性と重要性を示していると考えられる。たった一つの真実を掘り出す作業ではなく、一人ひとりが自分のおかれた環境で、じたばたあがきながら行う調査の成果だからこそ、他の人びとにとっても耳を傾ける価値があるのではないだろうか。

本書の構成

本書には、フィールドに出会い、フィールドに向き合ってきた15篇の論稿が収録されている。執筆者は、博士課程の院生からベテランまで多様である。第Ⅰ部「関係に学ぶ／を築く」には、主にフィールドワークを開始する際に感じた困難や、現地に学んでいくプロセスにおける出会いを記述した6篇、第Ⅱ部「関係がゆらぐ／に悩む」には、フィールドに長くいるからこそ浮上し始める、新たな困惑や戸惑いを取り上げた6篇、そして第Ⅲ部「関係が続く／を終える」には、フィールドで出会った人びととの長期の関係性が調査者一人ひとりのなかで変化する様子を観察した3篇の論稿が収められている。

これら15篇の論稿は、便宜上フィールドとの関わりの時間軸にそって配置されているが、それぞれの学びや困惑は、特定のプロセスにおいてのみ経験されるものではない。どれだけフィールドで長い時間を過ごそうと、フィールドに馴染み切れていない自分に悩まされることもあれば、フィールドに入った直後に自分や周囲の人間の感情の波に悩まされることもある。フィールドワークを経験する読者であれば自分の経験を振り返り、まだフィールドに飛び出していない場合はこれから自分が経験し得る可能性として、本書でフィールドワークに孕まれた困難や、迷いや戸惑いを体験してみてほしい。それが、価値観の転換を感じ、自分を問い直し、そして人と人との、人とモノとの関係性のなかにイスラーム・ジェンダーを捉えるきっかけとなれば幸いである。

本書に採録された議論の多くは、第1期「イスラーム・ジェンダー学」プロジェクト（2016～2019年度　日本学術振興会科学研究費補助金・基盤研究（A）「イスラーム・ジェンダー学の構築のための基礎的総合的研究」研究代表者：長沢栄治）、および第2期「イスラーム・ジェンダー学」プロジェクト（2020～2023年度　日本学術振興会科学研究費補助金・基盤研究（A）「イスラーム・ジェンダー学と現代的課題に関する応用的・実践的研究」研究代表者：長沢栄治）における公募研究会「フィールドからみたイスラーム、ジェンダー、セクシュアリティ」での活動を通して生まれたものである。ここに、科研代表者の長沢栄治先生、また本シリーズの編集アドバイザーである小野仁美さんをはじめとして、科研プロジェクトでお世話になった多くのみなさんに心より御礼申し上げたい。また本書の素案については、東京外国語大学アジア・アフリカ言語文化研究所フィールドサイエンス研究企画センターの「2019年度第1回フィールドサイエンスコロキアム」（2020年1月10日）で発表する機会をいただいた。コーディネータを務めた熊倉和歌子さん、またそこでいただいた数々の有益な指摘にも、ここで謝意を表したい。

【参考文献】

佐藤郁哉（2006）『フィールドワーク増訂版――書を持って町に出よう』新曜社。
田辺繁治（2003）『生き方の人類学――実践とは何か』講談社。

本書で対象とした国・地域

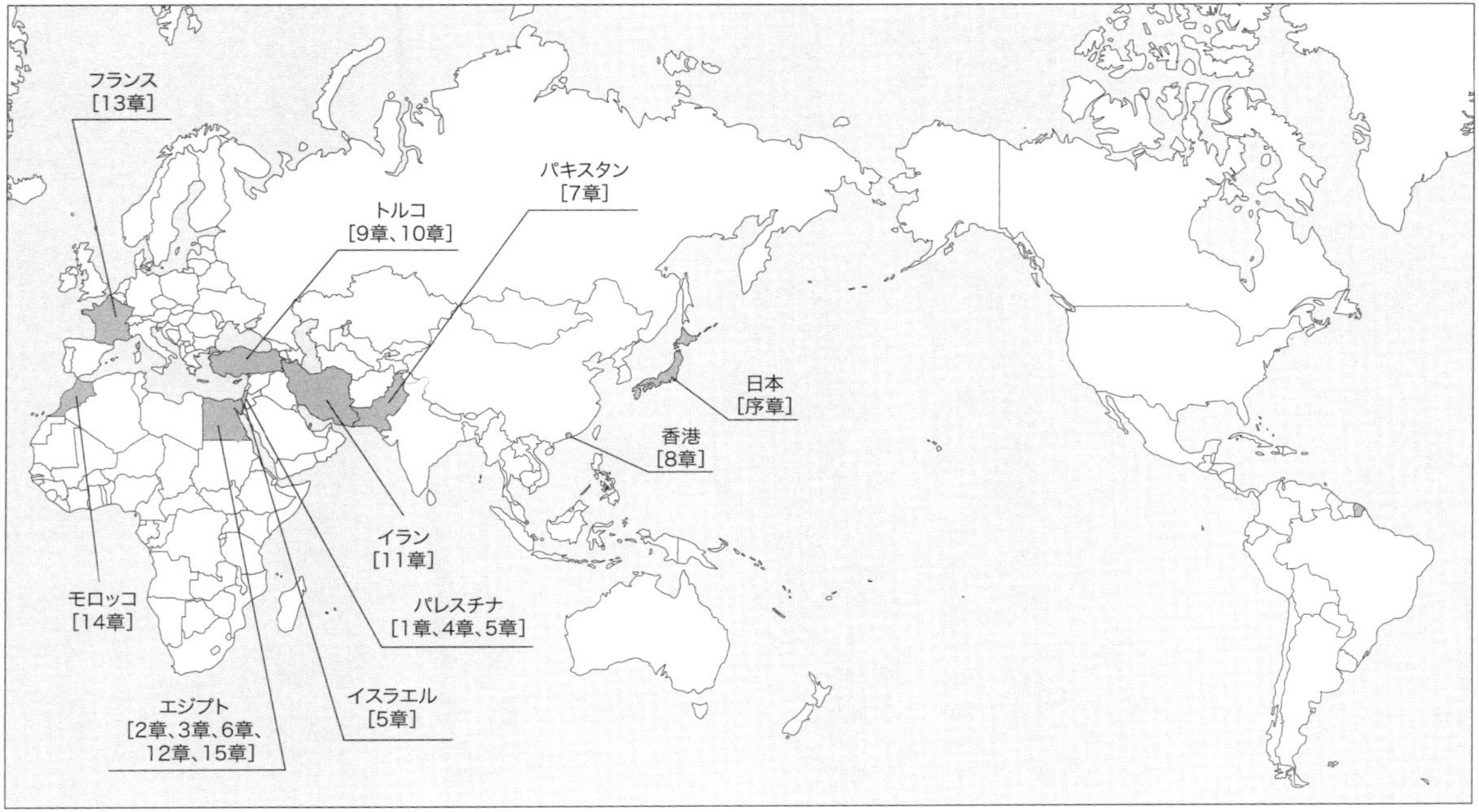

イスラーム・ジェンダー・スタディーズ4

フィールド経験からの語り

目次

IG科研

「イスラーム・ジェンダー・スタディーズ」シリーズ刊行にあたって——4『フィールド経験からの語り』 3

はじめに 5

序章 なぜいま「フィールド経験」から語るのか
——一人の人間としてイスラーム・ジェンダーを生きるために（鳥山純子） 17

第Ⅰ部 関係に学ぶ／を築く

第1章 生と性の間《はざま》で——保健師としてのパレスチナ人女性への聞き取りから（藤屋リカ） 36

第2章 つながりを構築する——紐帯のビルディング、あるいは社会関係の科学
（ダリラ・ゴドバン／翻訳・志田夏美） 50

第3章 「聞こえないトランスジェンダー」だった私のフィールド体験（伊東聰） 62

第4章 現地を知る、相手を知る——パレスチナのフィールドに入る（南部真喜子） 75

第5章 パレスチナ人ゲイAとの出会い（保井啓志） 86

第6章　近しさへの奮闘――時に不安定なカイロの友人グループ（エイモン・クレイル／翻訳・原陸郎）　98

第Ⅱ部　関係がゆらぐ／に悩む

第7章　気まずい、と感じること――パキスタンでの経験から（賀川恵理香）　112
第8章　二つの海の出会うところ――香港でさわる、さわられる（小栗宏太）　125
第9章　「私は何者か」という問いとともに（小川杏子）　138
第10章　中立性の功罪（村上薫）　150
第11章　偏見を笑う（細谷幸子）　164
第12章　感情の荒波を乗り越える――調査日誌の読み直しから（岡戸真幸）　178

第Ⅲ部　関係が続く／を終える

第13章　フィールドとの往来のなかで時間を重ねること（植村清加）　196
第14章　モロッコにおける友情と文書収集（レオン・ブスケンス／翻訳・中西萌）　209
第15章　フィールドワークの終わり――あるいは、私がバドル郡に行く理由（竹村和朗）　220

執筆者による関連論文　242

※本文中の写真で特に出所の記載のないものについては、原則として執筆者の撮影・提供によるものです。

序章

なぜいま「フィールド経験」から語るのか
――一人の人間としてイスラーム・ジェンダーを生きるために

鳥山純子

1 救いとしての学び

公の場であまり言うべきことではないかもしれないが、私は研究書を読んでいるとよくいらだちを覚える。現在大学で教員としてジェンダーや中東の授業を担当している職業柄、研究書に限らず本を読むのも仕事のうちではあるのだが、特に中東やムスリムの暮らしをあつかう本を読んでいると腹が立つ。ときには、腹が立ちすぎて、というか、いらだちが募りに募って挙動が不審になることすらある。よく自動車を運転すると人格が変わるという話を聞くが、あんな感じなのだと思う。もどかしさが募るのは、大抵、私が興味・関心を抱く、人びとの日常生活の説明に、イスラームやアラブ・中東といった大きな主語で一般化された、とってつけたような解説がつけられているときである。こっちは真剣に学びたくて読んでいるのに、そうした分析で実際の出来事が説明できると考えているのだろうか、と憤りが募る。

こうして書いていると、まるで私が上から目線の人間のように聞こえるかもしれない。しかし、私は自分が優れた研究者だと思ってこうしたことを言っているつもりではない。どちらかと言えば自分は落ちこぼれ研究者だと思っている。自分は研究者になるための王道を通ってこなかった、という都合のいい解釈に開き直り、大したコンプレックスを抱くこともなくこれまで研究を続け、今日もまた「これだから頭のいい人たちは」と憤り、悪態をついて生きているのである。

私が研究や勉強に心惹かれるようになったきっかけは、大学時代に偶然訪れたパレスチナだった。そこで出会った人びとに思いがけず心を奪われた私は、中東やアラブ世界にあこがれる、人類学を学ぶ一学徒となった。そして、大学卒業後にエジプトへ語学留学に旅立った。エジプト生活を始め半年のうちに現地の男性と結婚し、1年半後に娘を産んだ。その間、周囲がどう考えていたかはともかく、私としては、中東を知りたいから現地で暮らす、という目的意識は変わっていなかった。ただしエジプトの首都カイロ近郊で大家族と日々を送る中で、現地の大家族生活は、私にとっては興味の対象というより、隙あらば私を深海の底に引きずり込もうとする抜け出せない過酷な環境になっていた。とりわけ、複雑なプロットで行われる、優劣の駆け引きが辛かった。単なる責任転嫁であっても、向こうが優位に立つための作戦であっても、知らないところで自分のことを悪く言われるのは嫌だった。誰が本当のことを言っているのかわからず、誰のことも信じられないと思うこともしばしばだった。彼らの生活を知りたい、理解したいという気持ちより、逃げ出したいという気持ちの方が強くなり、そうとしか思えなくなるときもあった。

何時ささいなきっかけで窮地に立たされるかもしれない。そんな危機感に晒され続ける中で、現地の大学院で学ぶ中東の文化や中東のジェンダー、イスラーム研究といった授業は、私にとって正気を保ちつつ生きていくための重要な足掛かり、あるいは命綱になっていた。安全な場所に導いてもらえる確証もなく、ただ溺れながら知らない間につかんでいた私の命を救うもの。私にとって研究は、かろうじて私の正気を保ってくれるものだった。良かれと思ってとった行動が相手の反感を買う。どうすればいいかわからず躊躇する態度で相手にさらに煙たがられる。私の意見に誰も耳を傾けてくれない。そうした経験が日常茶飯事となったときでも、「これが中東的態度というやつだな」「義理の嫁同士の確執は、授業で習ったものと同じだ」と考えることで、上手くいかないことすべてを自分自身の問題と捉えずに済むことが増え、とりあえず夜眠りにつくことができた。そうした時間を過ごす中で、勘と経験をベースに自分なりの振る舞いを考案し、少しずつ円満な人間関係を築いていくこともできるようになっていった。もちろんそれでも失敗することは多かったし、わけもわからず家族から無視をされて、その日の授業や宿題を終わらせることだけを生きる理由に、肩から赤ん坊をぶら下げて、できるだけ家でのことを考えないように大学院に通っていた時期もあった。

それが日常の人間関係を支障なくこなせるようになると、今度はだんだんと日本の読者に向けて中東の人びとの生活について発信したいと考えるようになっていった。私にとって勉強や、学んだ知識は、日々の生活における直接的な助けであり、逃げ場であったが、それを発信することは、次第に人生の次の目標になっていった。

2 「イスラーム・ジェンダー」という仮想敵

ところが、研究者になることを本気で考えるようになった私は、「イスラーム・ジェンダー」という壁にその行く手を阻まれた。私が試みる研究、つまりムスリム（イスラーム教徒）が大多数を占める地域で（私の場合はエジプトのカイロ近郊で）、女性として生きる経験は、どうやらそういう名前のものと認識されるらしかった。ただし、そもそも、イスラームもジェンダーも、一体何について話をしようとしているのかよくわからない。「イスラームはグローバルな秩序や国際社会に対する抵抗勢力である」「イスラームはグローバル秩序への脅威である」。こうしたイスラームの評価をマスメディアで目にすることは珍しくない。とりわけ「イスラームにかかわるジェンダー問題」が議論される場合はなおさらである。児童婚、名誉殺人、女性器切除、スカーフ問題など、ジェンダーにまつわる問題として極度な単純化の末にイスラームがやり玉に挙げられること枚挙にいとまがない。どうも、こうした語り方をする人にとって「イスラーム・ジェンダー」は、イスラームの特殊性にまつわる女性抑圧や女性に対する非人間的態度を問題化する考え方を指すらしかった（さらなる議論についてはアブー＝ルゴド2018を参照のこと）。

こうした論調を前に私はとまどうしかない。「違うんだけどなぁ」「それと私がやりたいことは別なのだけど」。そう思いながらも、自分の研究について話そうとするならば、残念なことに、そうした文脈から話しだすことが一番伝わりやすいということもわかってきた。最近では、その文脈にあえて歩み寄る自分もいる。だってわかりやすいから。でもそれが自分のやりたいことと何か大きく違うこともわかっている。でもどうしたらいいかわからない。そうした中途半端な状況に身を置く私にとって、出来合いの、枠組みがあらかじめ結論を決めておくようなそんな議論に耳を傾ける精神的な余裕はない。そうとでも考えなければ、私が研究書を読んで感じる自分自身のいらだちは説明できるものではない。

イスラーム対グローバル秩序――その核としてのジェンダー的課題、といった枠組みで交わされる議論は、ひいき目に見ても、私が経験した、カイロでの大家族生活でのつらさや楽しさ、あるいはそこを生き抜いていく技術に関係があるとは思えない。私がカイロで送った日々において、人びとの生活が、イスラーム対グローバル秩序、イスラームによる女性抑圧、女性のスカーフの着脱と民主主義といった枠組みで語られることはほとんどなかった。こうした議論に習熟することで、現地での生活がスムーズになることも、些細なコミュニケーションミスに派生する嫌な思いから解放されることもないだろう。私に限らず、現地で生活していこうとする人びとにとって、こうした議論に大した重要性があるとは思えない。議論の対象にされる現地の人びとにとっては、さらに意味のない、むしろ迷惑な話でしかないだろう。こうした、誰も得をしない非生産的な議論なら、とにかく一度手放してみたい。同じ時間をかけるなら、現地の人びとと一緒に生きていくための方法を学んでいきたい。つまり、イスラームが日々盛んに言及される地域で、それぞれに与えられた生を生きる人びとのことを知り、ともに生きていく方法を考えたいのである。これが私の求める「イスラーム・ジェンダー」の中身であり、それが本書で議論する内容である。

3　「出会っている人」、「出会ってきた人」に学ぶ

何かを習得したいとき、それを成し遂げた人びとに話を聞きたいと思うのは当然のことだろう。そこで本書では、15人の執筆者に、それぞれのフィールドワークでのムスリムとの出会いやともに生きてきた経験について語ってもらうことにした。執筆者は参与観察と呼ばれる、フィールドワークのなかでも相互依存性の高い調査か、現地との信頼関係をなんとか築きあげながらインタビュー調査を実施してきた人びとである。本書の執筆者たちは、現地の人びとにお世話になりながら現地の生活やそこに暮らす人びとについて知るために、ふてぶてしく、かつ可愛げを最大限に発揮して仕事をこなしてきた先達である。現地の人びとの協力なくては調査が立ちいかないことから、あの手この手で居場所を探し、見つけ、居座り、人びととの関係を続けてきた「ともに生きるための居場所づくり」の職人といってもいいだろう。他の人び

との生活に身を投じ、そこに自分の居場所を作り上げていくのだから、もちろん数々の修羅場もかいくぐってきた苦労人でもあるはずである。

そんな執筆者による論稿はどれも、人の温かみやつながりの大切さを想起させるものになっている。人ときちんと出会うことは、簡単なことではない。それは相手と対話し、関係を築き、自分自身にも向き合うことである。またそこには、自分が傷つけられるかもしれない、相手を傷つけてしまうかもしれない、また傷つけたことを相手に責められることも、相手を通して見えてくる自分自身の愚かさや間違いに対峙させられる可能性もつきまとう。それでも「違うからわからない」を超えて、先は見えなくともまずは相手に出会い、向き合ってみること。正解はわからないながら、まず関わってみること。こうした姿勢は誰かとともに生きていくために最も重要なものの一つではないかと思うのである。

4　フィールドで出会うイスラーム・ジェンダー①——先入観の転覆

では、そんな出会いから、私たちが学ぶことができる具体的なこととは一体どのようなものだろうか。ここからは、本書に採録された論稿にその手がかりを探してみたい。

フィールドでの実際の出会いを議論することの最初の意義として挙げたいのは、単純化された説明で作られる先入観が取り払われることである。たとえば実際の人びととのやり取りは、「抑圧された」ムスリム女性という広く流通するステレオタイプさえもいとも簡単に吹き飛ばす。90年代、保健師としてパレスチナで母子保健調査と保健指導プロジェクトに参加した藤屋は、女性たちへの調査を通じて、性は男性が主導権を握るものという自分の思い込みに気づかされる。そうした気づきをもたらしてくれたのは、「現場に生きる人びとだった」と藤屋はいう（第1章）。

フィールドでは、現地に対する先入観が覆されるだけでなく、これまで作り上げてきた自分自身の価値観や自らのアイデンティティに転換が迫られることもある。2018年以降、エジプトの歴史的街区で気候と家屋との関係を調査するゴドバンは、調査に入るにあたり、建築学の知識を活かし現地へ貢献することを志す。ところが、「ただそこにいる（being there）」だけでなく、自らコミュニティに貢献しようとする彼女の意欲は、フィールドで無残にも空回りに終わってしまう。自らの調査が基盤としていた建築学の知識や伝統的家屋に対する学問的関心は、現地の人びとの関心とは一致していなかったのである。著者はここに、自らがよって立つ学問的価値観や正当性の限界と、現地の人びとの認識との間の重要なズレを発見する（第2章）。

フィールドワークによって、自分自身の置かれていた日本の環境を調査地で発見したのは、2000年代初頭トランスジェンダーとしてエジプトに赴いた伊東である。伊東は、イスラームの影響によって性的マイノリティに寛容でないと目されたエジプトで、聴覚障害をもち性的少数者として多様な属性をもつ自分が「私という人間をありのまま受け入れて」もらえる経験をする。そしてその経験は、日本で覚えた違和感を可視化させ、日本の問題を明確に理解するための契機になったという。伊東はその経験を生かし、性同一性障害特例法の成立に貢献した（第3章）。

「百聞は一見に如かず」。おそらくフィールドワークの意義をこれほど端的に示す言葉はないだろう。私自身、そもそもパレスチナを訪れ中東に心惹かれた最大の理由は、聞いていた話と現地の人びとの様子があまりにも違ったことにあった。イスラームとイスラエルによる占領によって抑圧されているはずのパレスチナの人びとは、大学生だった私よりずっと視野を広くもち、女性でも医師や科学者を目指し、兄弟を叱り飛ばすのに忙しそうだった。実際に生きる人びとは、決まりきったステレオタイプより何百倍もおもしろく魅力的な人たちだったのである。藤屋、ゴドバン、伊東は、それぞれに異なる位相でのステレオタイプを指摘する。現地の性のあり方について、学術と現実とのズレについて、さらには自分自身の生きる社会について。そのどれもがフィールドでの経験によって得ることができたものであり、これらもまた逆説的ながら、現地との出会いのなかで気づいた重要な「イスラーム・ジェンダー」的知見であると言えるだろう。

5 フィールドで出会うイスラーム・ジェンダー②——自分との出会い

「郷に入れば郷に従え」という言葉があるように、多くのフィールドワーカーは、馴染みのない出来事に遭遇しつつ、できるだけ自分の価値観を相対化し、まずは現地の人びとのやり方を学ぼうと試みる。社会学者として知られるゴッフマンは、フィールドワークとは「彼らの生の状況にあなた（調査者）自身をゆだね」、「望ましいことでも望ましくないことでもすべてを引き受けるべく努める」ことだと述べている（ゴッフマン 2000: 18）。

とはいえ、調査者としての自分をすべてフィールドにゆだね、他者ありきに社会を学び、社会を生きることは、果たして可能なのだろうか。２０１５年から2年間パレスチナで調査に入った南部は、フィールドについてできるだけ学びたいという思いから、自分の価値観は横におき、彼らの生活に自分を溶け込ませようと奮闘する。しかしそのなかで同じ家にホームステイをしていた国籍や宗教が違う女性たちに対する家族からの期待の違いに気づき、どう頑張っても透明人間にはなれない自分を思い知らされる（第4章）。

イスラエルで調査を続ける保井もまた、フィールドで人間関係を築く中で、客観的で無色透明であることが調査者として望ましいという認識に転換を迫られたという。自分の属性がつなげてくれた出会いもあるが、特定の属性が共通しているからといって相手を理解できるとは限らない。そう考えることで、ムスリム、同性愛者、あるいは被占領者といった特定の属性のみを強調する言説の存在と、そこに付随する暴力性に気づかされたという（第5章）。

あるいはエジプトで調査を行うクレイルは、現地の言葉をマスターし、現地の価値観を専門的に学んでなお、実際のフィールドに入れば自らの無知を思い知らされると指摘する。カイロで性愛を対象に行ったフィールド調査で明らかになったのは、人間関係を築く上で重要だったのが、現地の価値観に沿った礼儀正しい行いをすること以上に、近しい関係性において、相手に対し「誘惑」にも似た親密さや友情のテクニックを駆使することであったという。調査を最も難しくしていたのは、そうした振る舞いが上手くできない自分自身の性格だったのである（第6章）。

調査者も生身の人間としてフィールドにいる以上、個性や、社会的属性を消し去り、透明人間でいることは不可能である。調査者もまたフィールドで一人の人間として生き、現地の人びとに役割を期待されもする。期待される属性が、自分の感覚と一致することもあれば、居心地の悪い思いを作り出すこともある。個人が持つ属性は常に調査の障害になるとは限らない。自分が意識すらしなかった属性が、特定の人とつながり、理解を試みるきっかけをもたらしてくれたりすることもある。相手に自分をゆだねて生きていく中で、その経験によって自分に対する固定観念が揺らぎ始めることがある。それを受け入れていく中で、多様で多彩な、自分も知らなかった自分自身が見えてくるのである。フィールドで他者の期待に晒されることとは、自分が考える自分自身に並んで、他人の考える自分自身を受け入れざるをえない経験にもなるのである。

6 フィールドで出会うイスラーム・ジェンダー③——揺らぎ出す境界

フィールドワークでは、調査者と調査される側の境界が曖昧になることもある。現在パキスタンでフィールド調査を行っている賀川は、現地の女性たちのものだと捉えていた服装規範が、知らず知らずのうちに自分自身に身体化されていたことに気づく。現地の女性たちと同じ論理を内面化しているわけではないにもかかわらず、とっさに彼女たちと同じ行動をとろうとすることが当たり前となっている自分に出会い、よそ者であるはずの自分と彼女たちとの境界線が揺らぎだす経験をする（第7章）。

香港でインドネシア出身の家事労働者について調査する小栗は、フィールドワークの魅力について「常識を覆されるような体験を通じて新しい発見をする」ことだと説明する。ただし、新しい発見は、調査対象者についてのものとは限らない。香港で小栗は、柔軟にイスラーム規範を生きる女性家事労働者に出会うとともに、断続的に調査を続ける中で、自分もまた、彼女たちとともに現場の「現実」を作り上げていることにいやが上にも気づかされる。フィールドでの調査者は無色透明どころか、調査対象としていたはずの現地の生活に、少なからぬ影響を直接もたらす存在でもあったのである（第8章）。

2013年から断続的にトルコで調査を行っている小川も、フィールドに身を置きながら、調査者としての自分の属性に悩み続けたという。調査を続ける中で人びとと築いていく関係は、調査者と被調査者というものに限られない。フィールドで現地の人びととともに生きていくこととは、ときに調査を最優先事項に据えることを難しくし、人びととの関係や、ジェンダー役割を優先した行動を求められることもある。

フィールドで生きることとは、現地で築いた人間関係をケアしながら、調査者としてだけでなく、人として生きていくことが求められるということでもあるだろう（第9章）。

トルコで長年格差と貧困をテーマに調査を行ってきた村上も、調査のなかで多様な集団の人びとに出会い、彼らが自分に要求する異なる立場や役割に困惑を感じてきた一人である。自分の希望以上に現地の人びとにコミットを求められたとき、村上はこれまでフィールドでの「中立性」を意識し、人びととの利害関係に直接かかわることを避けてバランスをとるように意識してきたという。しかし物事に中立であるためには、何に対して中立か、という中立に先立つ基準が明確に存在することが必要となる。つまり意識される「中立性」とは、相手のことを研究課題から派生する特定の特徴のもとで捉え、初めて見えてくるものでもある。フィールドである程度の時間を過ごし、人間関係を築く中で村上は、果たして、「中立」でいるだけがとるべき道なのか、と自問する。そして研究課題から離れ、一人の人間として調査対象者に向き合うことができたとき、そこには研究テーマでは捉えきれない豊かな人びとの生が垣間見えたという（第10章）。

フィールドワーカーとはいえ、現地で自分一人で生きていけるわけではない。居場所を作るということは、自分も現地の一部になるということでもある。調査者である身で「異文化」の一部になるというパラドックスは、「異文化」があるという前提に立たなければ成立しない。「異文化」とは、逃げ水のような幻でしかないのかもしれない。遠くにあると見えるけれど、近寄って触ることができるような実体は伴わないもの。そう考えたときに重要になるのは、どのように「異文化」で受け入れてもらうかという以上に、その地でどのような人間として振る舞いたいのか、という主体的で、人間的な問いである。フィールドであれ生活拠点であれ、調査者／被調査者、内部／外部という切り分けが人工的で可変的なものであり、その切り分けがそぐわない場面があるならば、そこに固執する意味とは何なのか。当たり前に内部と外部を切り分ける前に、切り分けがあるという前提そのものを再度見直していく必要があるだろう。

7 フィールドで出会うイスラーム・ジェンダー④——感情とつきあう

フィールドワーク中は、状況に対し主導権を握れず憤りを覚えることも多い。またともに生きる相手として人びとの感情に晒されたり、自分自身の感情が沸き立つこともある。それらを上手くさばくことができず悩むこともあるが、互いの感情を無視できない近接性に身を置くからこそ見えてくる世界もある。

20年以上イランでフィールド調査を行い、現在は遺伝性血液疾患をもつ人びとの研究を行う細谷が取り上げるのは、フィールドで出会う差別や偏見である。一般的なイラン人とは異なる外見をもつ患者は、ときに差別や偏見の対象となる。患者たちと時間を過ごす中で、日常に潜む明示的でない、場合によっては無意識に向けられる「マイクロアグレッション」をともに経験する。細谷は外から押し付けられる偏見が、笑いという形で受け流されることにはっとする。調査者がともに時間を過ごすことで彼ら・彼女らの痛みを「共有」できるようになる、というほど事は単純ではなく、むしろ調査者も「マイクロアグレッション」の無意識な生産者となることを免れることができないことに気づかされるのである（第11章）。

エジプトで調査を続ける岡戸は、同じフィールドに長く関わっていく中で、濃密な人間関係のなかに取り込まれてきた。しかしだからこそ、自分でも驚くほど強く感情が揺さぶられることがあるという。その例として岡戸が挙げるのが宗教と男性性をめぐる困惑である。この二つは現地の人びとに重視される社会の主要属性（宗教とジェンダー）でありながら、著者は現地の人びとが納得するような形で型にはまれない自分を見出し、人びとの期待と自分自身の価値観の間で当惑する。とはいえ、岡戸はそうした当惑や苛立に無理にふたをするのではなく、むしろ感情の動きにこそ生身の相手への理解を生み出すきっかけが隠れていると肯定的に解釈する（第12章）。

感情は、人が完全にコントロールできるものではない。しかしときに感情が、誰かとの新しい関係性を生み出す契機になったり、物事の別の見方を得るきっかけになったりすることがある。たとえ調査地にいようと調査者であろうと人は人である。腹が立つこともあれば、恥ずかしいことも、「相手の気分を害したのでは」という思いで背筋がひやっとすることもある。また相手の感情に突き動かされることもあれば、逆にしらけた自分を発見することもある。私自身、カイロ暮らしを始めた当初は、現地の激しい感情表現にただただ疲れることも多かった。目の前で大人が大声でののしり合う現場に居合わせれば、関係ないはずの自分の心がすり減った。身に覚えのない悪口を自分のせいにされて、どうしたらいいかわからず、悔しいのと心配なのとで眠れなくなることもあった。ただそうした経験をする中で、上手く説明できないながらに彼ら・彼女らと共感できる領域が広がっていったようにも思う。理屈ではなく、彼らの考え方が腑に落ちる契機は、むしろそうした感情の波中にこそあったのかもしれない。

8　フィールドで出会うイスラーム・ジェンダー⑤――フィールドとともに生きる

フィールド調査には、単に調査地を引き上げることでは終わらないものもある。一度コミットした人間関係は、調査地を離れてなお、調査者の人生の一部として継続されることも多い。調査者や調査対象者が年をとれば、フィールドとの付き合いも年をとる。年月を重ねることで見えてくるものもあれば変化する関係性もある。その意味では「フィールド経験」とは決して、フィールドにいる時間での経験だけを指すものではない。

フランスで20年にわたり調査を行う植村は、フィールドワークと生活を地続きで捉えることの重要性について指摘する。フィールドで時間をともに過ごす人びとは、著者にとって人生の一部であり、だからこそ著者自身が意図しなかった広がりをもって著者の生と彼らの生をつないでくれたという。年齢を重ね、ライフステージが変わる中、フィールドもまた年をとる。時間を重ねる中で、調査対象者は理解を目指す相手ではなく、相談し、考えを交わす、ともに生きる存在になっていったという（第13章）。

30年以上モロッコで調査を行うブスケンスも、一人の書店店主との出会いを回想し、時間とともに変化するフィールドでの人間関係を考察する。オランダ出身の著者は、モロッコ人からすれば、西洋人でありキリスト教徒でもあるよそ者であった。しかしともに時間を過ごすことで、店主との関係性は指導者・生徒にもなり、店主・顧客にもなり、（文書）コレクター仲間にも友人にもなっていく。時間と状況を多く過ごせば過ごすほど、彼らの関係性は複層化し、そこには多様な結びつきが積み重ねられる。フィールドにおける特定の人物との関係性を考察して明らかになったのは、人との出会いとは単なる調査の一部ではなく、むしろ調査が人びとの出会いのほんの一部を形作っているに過ぎないということであった（第14章）。

最後に、エジプトで調査を行う竹村によれば、彼にとってフィールドは「調査のために行く」だけの場所ではなく、自分と深くかかわる人間がいる場所であるという。著者のこうした認識は、大学院修士課程在学時から行き来する特定のフィールドと、20年近く関係を築く中で生まれたものだという。自分の研究ステージによって、フィールドとの関係性も人びととの関係性も変化する。現地の人びとは調査者に情報を与えてくれる存在であるだけでなく、そこで彼らの生を生きている。調査者もまたフィールドではそこに生きる人間として認知され、金銭のやりとりをその一部に含む利害関係にも巻き込まれていく。フィールドで築いた関係性は、振り返ってみれば、明確な問いを探求する「調査」という枠組みを大きく超えて、著者の研究や人生そのものを形作るものになっていたのである（第15章）。

濃密な人間関係を重ねれば重ねるだけ、フィールドワークは調査者の人生にとっても、調査される人びとにとっても、関わったすべての人びとの人生の一部になっていく。人類学者の湖中は、私たちが知ることができるのは、誰かによって生きられた現実であり、フィールドワークとはそれを共有することであると説明する（湖中 2015: 48）。つまりフィールドワークとは、誰かとともに生き、経験を共有することだと言い換えることができるだろう。たとえば竹村の事例では、調査対象者との間での金銭やモノのやり取りも語られる。その際の彼らの関係が、調査という枠組みだけで切り取れないものであることは明らかである。むしろ、そこでの関係は、ビジネスや金銭のやり取りをも含む継続的な相互依存関係にもとづく、互いの存在をともに生きる「共在者」（シュッツ 1983: 64-66）だといえるだろう。

9 「フィールドワークに正義を」

「イスラーム・ジェンダー」を差異の指標ではなく、ともに生きていくための糧として議論したいなら、実際に人びとが生きる生活のなかに、人びととの具体的行為や人びととの関係性、つまり生身の人間の生きる実践のなかにその姿を探る必要があるのは明らかである。ただし、「物事は生身の人びとの言動にある」、ということの重要な感覚は、フィールドを離れることで実感が薄れるものでもあるらしい（Fabian 2007）。フィールドワークを終えた調査者は、論文を書くにあたって、収集したデータを自分自身の管理下で、できるだけ合理的で一貫した「科学的」説明としての提示を試みる傾向がある（サトルズ2000など）。学問的枠組みありきでイスラームが再構成されるならば、「フィールド経験」で身体化された活き活きとした感覚が、ただただ残りかすとしてそぎ落とされてしまうのも当然かもしれない。しかし、合理的で一貫した「科学的」説明を極めた結果、フィールドワークの成果として世に出した知識が、「遠くの誰か」のことしか読者に伝わらないとしたら。あるいは、自分が作り出した知識が、読者にとって、自分と彼らを切り分ける境界を引き、強固にし、正当化する働きをしているのだとしたら。そうした状況があるのなら、調査者は再度、自分がかつて身を委ね、没入した「フィールド経験」のなかに、フィールドと今ここ、をつなぐ接点を見つけ出し、「フィールド経験」のなかにイスラーム・ジェンダーを語る糸口を探求すべきだろう。

こうした反省のもとに、本書には、フィールドワークで人びととともに生きるための方法や、難しさや、そこでつきつけられる課題が記されている。記述されているのはとても個人的なストーリーであり、特定の状況における特定の個人との具体的なやりとりである。しかしそこから学べるものは非常に多い。そうした個人的なストーリーのなかに、ムスリムが大多数を占める地域での生活の様子をうかがうことも、人間関係の在り方や、そこで重視される価値観を学ぶこともできる。さらに地域や状況は違えども、調査者たちの苦悩や戸惑いに、驚くほど共感できる部分があることにも気づくだろう。結局、私たちはどこにいても、いつも自分と違う誰かに出会い、できればその人びとと上手くやっていこうと奮闘する。煩わしさの現れ方や、どんなことが問題になるのかや、人付き合いの深刻さはときと場合によるだろうけれども、それでも人間関係に悩まされる様子や、そこからふっと解放されてだんだんと上手く立ち回れるようになっていくような感覚においては、みなどこか何かしら似たようなものを共有しているのかもしれない。

執筆者のゴドバン（第2章）は、ある研究会で「フィールドワークに正義を」と発言した。彼女はその表現を、たとえ学術的な取り組みであっても、研究者である私たちは、もっとフィールドワークの経験を生かし、机上の空論ではなく、フィールドワークという実体的な人とのやりとりにおいて通用する、地に足の着いた議論をしなければいけない、という意味で口にしたのだと思う。本書の原点はそこにある。ただし本書は、フィールドワークを日常と切り分け、フィールドワークをその上位においているわけではない。フィールドワークも実際には私たちが日々生きる人生の延長線上にあり、そこから切り離せるものではない。「フィールドワークに正義を」、「人生に正義を」。そろそろ、ただ生きていくことの助けになることを目的とした「フィールドワークに正義を」、「イスラーム・ジェンダー」の議論を始める必要があるだろう。少なくとも、今の自分が憤る必要のない、そしてかつての私がむさぼり読んだであろう議論を始めたい。

【参考文献】

アブー＝ルゴド、ライラ（鳥山純子・嶺崎寛子訳）（２０１８）『ムスリム女性に救援は必要か』書肆心水。

ゴッフマン、アーヴィング（串田秀也訳）（２０００）「フィールドワークについて」好井裕明、桜井厚編『フィールドワークの経験』せりか書房、16-26.

湖中真哉（２０１５）「やるせない紛争調査――なぜアフリカの紛争と国内避難民をフィールドワークするのか」床呂郁哉編『フィールドワークへの誘い　人はなぜフィールドに行くのか』東京外国語大学出版会、34-52.

サトルズ、ジェラルド（佐藤郁哉訳）（２０００）「フィールドワークの手引き」好井裕明、桜井厚編『フィールドワークの経験』せりか書房、27-45.

シュッツ、アルフレッド（Mナタンソン編、渡部光・那須壽・西原和久訳）（１９８３）『アルフレッド・シュッツ著作集第1巻　社会的現実の問題1』マルジュ社。

Fabian, Johannes. 2007. *Memory Against Culture: Arguments and Reminders*. Durham and London: Duke University Press.
hooks, bell. 2000. *Where we stand: Class Matters*. New York and London: Routledge.
Ortner, Sherry B. 1996. *Making Gender: The Politics and Erotics of Culture*. Boston: Beacon Press.

第Ⅰ部

関係に学ぶ／を築く

第1章

生と性の間《はざま》で
――保健師としてのパレスチナ人女性への聞き取りから

藤屋リカ

日本で4年間保健師として働いた後、退職して、NGOによるパレスチナでの母子保健プロジェクトに参加した。その一環で、ヨルダン川西岸地区南部の村落部で保健調査に携わった。そこでは、「専門家」としての予断が覆され、戸惑うことがしばしばあった。そうした思い込みに気づかせてくれたのは現場に生きる人びとであった。パレスチナというフィールドは学校、出会った一人ひとりが先生であり、そして、フィールド調査での体験は、25年間にわたりパレスチナに関わり続けるための原動力ともなった。

1　フィールドワーカーとしてのパレスチナでの母子保健調査

1993年の歴史的な和平合意後の1990年代後半のパレスチナ。私は、ヨルダン川西岸にあるイスラエルと境界を接する南部へブロン地区の人口1万人程度の村で母子保健調査と保健指導のプロジェクトに携わり、約1年半をかけて、プロジェクトメンバーで全軒を戸別訪問した。私はフィールドワーカーであった。

私は広島市で保健師として4年間働いた後、日本のＮＧＯへ転職し、そこからの派遣で１９９５年からパレスチナでの母子保健プロジェクトに携わった。最初の約1年間は、ヘブロン市にある国際ＮＧＯの支援によって運営されていた、子どもの栄養センターを拠点に活動した。この子どもの栄養センターはヘブロン地区全域を対象としていたが、特に、貧困の問題を抱え栄養不良児が多い４つの村に対して重点的に訪問指導を行っていた。私たちは、その内の一つの村を対象に、村全体の母子保健の向上を目指したプロジェクトに取り組むことになり、子どもの栄養の課題だけでなく、より包括的に村の母子保健にかかわることになった。和平合意後、パレスチナ自治政府が発足したものの、保健医療に関するデータそのものは非常に限られていた。プロジェクトでは、戸別訪問による母子保健調査を開始し、同時に健康教育や保健医療サービスにアクセスするためのサポートを実施した。

パレスチナは、95％以上を占めるムスリムと少数のキリスト教徒からなる文化的多様性の高い地域である。保健調査に入った村は全員ムスリムだった。私は、露出が少なく活動しやすい服装を心がけ、長袖・長ズボン、体の線がわかりにくい衣類を身に着けるように心がけていた。村の女性たちのようにアバヤ（上からすっぽりかぶるようなドレス）を着用することやヒジャーブ（髪の毛を隠すスカーフ）をまとうことはなかったが、それが問題になることはなかった。また、ラマダーン（断食月）期間中もイスラームの教えに則った断食はしなかったが、村での仕事中は食べ物や飲み物は口にしないようにしていた。しかし、ラマダーン中でも家庭訪問先でコーヒーを出されることはあり、「来客をもてなし、食べたり飲んだりしている人がいても、自分は断食をすることはより徳を積むことになるので、ぜひ、コーヒーを飲んでほしい」と言われたこともあった。このルールを守れば大丈夫、といったものではなく、相手が大切にしていることをしっかりと捉えそれを尊重していくことが大切だということを現場で学んでいった。

2　携帯電話もインターネットもなかったころ

私たちは村の家々を1軒ずつ戸別訪問するわけだが、予約をして行くわけではない。携帯電話が普及し始めたころではあったが、特に村落部では持っている人は限られた。私たちは緊急連絡用に携帯電話を持っていたが、５００ccのペットボトルぐらいはありそうなアンテナ付きの黒い携帯電話をカバンから取り出す度に驚かれた。

慢性的な紛争下にあるパレスチナにおいて情報は非常に重要である。何か事件が起きるとイスラエル軍によって道路が封鎖され、町から自分の村に帰れないことさえある。事件が起きると、地元のテレビやラジオではすぐにそのニュースを流す。乗り合いタクシーでは、いつもラジオがかかっていた。そのような状況のパレスチナにおいては、冷蔵庫や洗濯機よりも先にテレビが普及した。私が活動していた１９９０年代後半には、村の家々にもカラーテレビはあり、衛星放送も入り始めていて、村でも白い皿型のアンテナを見かけるようになった。衛星放送の番組は、みんなで集まって鑑賞する特別なもののようだった。当時村ではまだインターネットが使えなかった。自分が欲しい情報を気軽に入手でき、情報共有が簡単かつリアルタイムで行える時代ではまだなかった。

情報源の中心は地上波のテレビで、当時は、日本のアニメ「キャプテン翼」が「キャプテン・マージド」として子どもたちに大人気だった。主人公の大空翼がマージド、盟友の岬太郎がヤースィーン、キーパーの若林源三はワリード、みんな、アラビア語名だった。にもかかわらず、画面は日本のアニメそのままで、サッカー試合の交替時には、選手の名前が漢字で書かれたメンバーボードがそのまま出てきて驚いた。

私には違和感があったが、パレスチナの子どもたちはお構いなしだった。2002年に日本に戻ってから知ったのだが、明治時代に、童話「フランダースの犬」が日本に初めて紹介されたとき、少年ネロは清《きよし》、パトラッシュは斑《ぶち》だったという。子どもに異国のストーリーを興味深く伝えるために、子どもになじみのある名前にすることは、言語や文化を超えて、当たり前のことなのかもしれない。むしろ私が驚いたり違和感を覚えたりしたのは、外国人の名前はその音のカタカナ表記のはずという自分の先入観のなせる業だったのかもしれない。

私たちが村のなかを歩く時間が、小学校の下校時間にぶつかろうものなら、後ろに大名行列のごとく子どもたちがついてきた。私たちが振り返ると、子どもたちは蜂の子を散らすように走って逃げて行ったりした。村の子どもたちにとって、私は生まれて初めて見る目の前で動いている東洋人で、どうやら「キャプテン・マージド」の国から来ているらしいというのだから、一大事件だったのだろう。

3　非日常と日常のなかでの保健調査

母子保健調査はＮＧＯ活動の一環であり、事前に、県の保健局と統計局、村役場、村の診療所と調整し、村役場からは村の中心近くに一軒家を提供され活動拠点とすることができた。母子保健調査の結果は、現地ＮＧＯ、役場の保健課と診療所、村にあるパレスチナ医療系ＮＧＯの診療所などと共有し、今後の村の保健対策に活かしてもらうことになっており、アンケートの詳細は、パレスチナの医療専門家も交えて作成し、内容は村の保健担当に確認してもらっていた。

私たちが突然家庭を訪問しても、断られることはなかった。事前調整をしていたということもあっただろうが、そもそも、玄関の鍵はかかっておらず、来客を断るということは、選択肢としてないといった雰囲気だった。1日に8軒程度訪問していたので、近所では、そろそろ日本人チームがやってくると噂になっていたようで、待っていましたとばかりに、出迎えてもらえることがほとんどだった。

部屋に通されることもあれば、庭先にプラスチックの椅子が運ばれてきて、そこで話を聞くこともあった。来客には、必ず飲み物が出される。お湯が沸くまでには時間がかかるので、最初にジュースが出てくることが多い。大家族の家庭には、オレンジ色や黄色の濃縮タイプのジュース液が常備されていて、調査を始めた頃は水で希釈されたジュースを出されることが多かった。

村には水道は通っていたが、常に水が来るわけではない。1993年の和平合意後も、パレスチナの地下水源はイスラエルが管理しており、パレスチナ人の生活用水はイスラエル人の3分の1以下という状況であった。この地域は、年間降水量が500㎖程度と少なく、年間降水日数も60日程度で夏の間は1滴も雨が降らないので、パレスチナでは、伝統的に雨水を貯めるための貯水槽を先に準備してから家を建築してきた。そのような状況なので、村では水道が通ってからも貯水槽に水道水を貯めて使っていた。アメーバ下痢症などの感染症もあるので、私たちは水で希釈されたジュースが出されても口をつけないようにしていた。しばらくすると、ペットボトル入りの果汁20%のオレンジドリンクが、私たちの目の前で蓋を開けられて、なみなみとガラスコップに注がれ、振舞われるということが、まるで儀式のようにどの家庭を訪問しても行われるようになった。どうやら、私たちが水には注意していることが、伝わっていたらしかった。決して安価とは言えない市販の清涼飲料水が出されることに戸惑ったが、同僚のパレスチナ人看護師は、もてなしは受けるようにと言い、ありがたくいただいた。私たちにとっては、毎日毎回のことでも、訪問先の家庭には、一度しかない特別な来客なのかもしれない。

保健調査が始まって1カ月も経つと私たちの戸別訪問調査は村の日常の一部になっていた。パレスチナでは、仕事を終えた父親と学校から帰ってきた子どもたちも一緒になって、午後3時頃に家族全員でメインの食事をとることが多い。そのため、私たちが訪問するのは大家族の食事の準備で女性たちが忙しい時間帯ということになる。どこの家にも台所はあるが、女性たちは食事の準備をしながら客間や庭先で私たちのアンケート調査に答えることもあった。調理ではあまりまな板を使わない。片手にキュウリやトマトを持ち、切れ目を入れ、それを深めの皿めがけて均等に切り落とし、細かいさいの目切りにしていく。また、マハシと呼ばれる野菜の詰め物料理を作るためにズッキーニやナスをくりぬいたり、ニンニクの薄皮を丁寧に剥いたりと、アンケートに答えながら、食事の準備も進めていく。女性たちは一人で台所に立って黙々と料理をするのではなく、おしゃべりをしながら、家族の食事の準備をしているのが常なのだろう。それは見事な手さばきで、私はアンケート用紙よりも女性たちの手元に目がいってしまった。

4　母子保健調査の実際

母子保健に関してのアンケート調査では、質問項目に従って、私たちが1問1問聞き取っていった。母親の健康についての質問では、リプロダクティブ・ヘルス（性と生殖に関する健康）が中心になる。既婚の16歳から49歳までの女性を対象としていた。最初の質問は、年齢、最終学歴、結婚年齢、初めての妊娠の年齢、初めての出産の年齢、妊娠回数、出産回数、子どもの人数、子どもごとの出産場所と、質問は進められていく。毎回同じ質問であり、ほとんどは数で返答できるものなので、自記式のアンケートならば、あっという間に終わってしまうのだろうが、対面での聞き取り調査だと、ライフヒストリーにも通じるこうした質問への回答は、単に年齢や回数といった数に終わらず、そこから、生と性にかかわる語りが始まり、また、健康相談になることも多かった。

3歳以下の子どもについては、体重と身長を計測し、出生体重、健康状態、予防接種状況、感染症の罹患状況など、アンケート項目に沿って話を聞いた。その間女性たちからも母親として様々な質問が飛び出て、個別ミニ健康教室のようになることもあった。

村の既婚女性の多くは、結婚年齢と出産年齢の差が、1〜2年しかないことが多かった。また、最初の男の子が生まれるまでは出産間隔年数は短かった。伝統的に男児が家族を継いでいくため、男の子が生まれることは重要だった。16歳ぐらいで結婚した女性もいたが、それが早すぎることは女性たちも知っていた。そこで聞いた話には、正確にはパレスチナ人看護師が英訳してくれたものになるが、「結婚したときは、まだその意味を知らず、毎晩泣いていた」というエピソードが頻繁に登場した。私は、基本的なアラビア語しか学んでおらず、健康＝命に関しての調査なので、私と同僚のパレスチナ人看護師が間違えないで使うことのできるシンプルな英語で仕事をしていた。そのため私には実際に女性たちがどのように表現しているかまではわからなかった。ただ大体、どの女性も同じようなことを話していて、通訳によるバイアスもそれほどないようだった。私にも「結婚の意味」が「性生活」を意味していることだと気づくのに、時間はかからなかった。

5　日本人の保健師としての思い込みからの困惑

質問項目には、生理不順や生理痛など、生理についての問題はありませんか？　というものもあった。女性たちは、「普通だよ」と答え、私が、アンケート用紙の問題なしの項目に印をつける、といったことが繰り返された。あるとき、この「普通」とは、どういうことなのだろうか、と疑問に思うようになった。私たちがこの質問項目を設定したときに前提としたのは、女性は月に1回定期的に生理がくるので、ストレスや健康不良など様々な要因で不順になったり、また、ひどい生理痛は治療が必要だったり、生理の問題には婦人科系の病気が隠れていることもあるだろう、という理解だった。

しかし、村で30歳の母親から話を聞いていると、18歳で結婚し、19歳で初めての出産、子どもは2〜3歳間隔で4人いて、一番下が2歳、子どもが2歳になるまではしっかり母乳を与えた、といった感じであった。この女性は18歳以降、何回生理を経験しているのだろうか、と考えてみたら、私が考えていた「普通」の生理とは、まったく違うものに思えてきた。1990年代後半当時の日本人の感覚では、26歳頃に結婚して、30歳までに第1子を出産といったところが普通だった。18歳から30歳までに、100回以上の生理を経験し、そのなかで問題がなかったかを考えて、「普通」を判断することになる。それに対して、パレスチナの村に住む4人の子どもをもつ30歳の母親は、18歳以降の12年間のうち、約4年間は妊娠している。子どもが2歳になるまでは母乳を与えるのが望ましいので、4人の子どもに2年ずつ母乳を与えたとするとその約8年間は生理がこなかったり不規則だったりする。果たして、この女性は、日本人の私が思い描いていた周期に従った生理を何回経験しているのだろうか？　と考えると、アンケート調査紙に問題なしとチェックしたことの意味がわからなくなってしまったりもした。

6 パレスチナにおける家族計画

リプロダクティブ・ヘルスのなかで家族計画は重要な事項である。ムスリムが大多数を占めるパレスチナで、家族計画指導などできるのか、ということを、外国人の国際協力関係者からよく聞かれた。そうした疑問には、私が働いていた限りにおいてはできる、と、答えていた。パレスチナにも家族計画協会という団体が活動していたし、UNRWA（国連パレスチナ難民救済事業機関）や保健省の医療施設でも家族計画にかかわるサービスは提供されていた。

村での保健調査にかかわる前にプロジェクト拠点としていた、パレスチナ・ヨルダン川西岸地区へブロンの子どもの栄養センターにおいても家族計画指導には取り組んでいた。センター長は、パレスチナ人の看護師で公衆衛生の修士号も持つ聡明な女性だった。熱心で真面目なムスリムの彼女が説明してくれたのは、「コーランには母乳をしっかり与えることの重要性が書いてある、母乳をしっかり与えることは出産間隔を開けることになる。だから、出産間隔を開けるための避妊法を用いた家族計画は推進されるべきことである。精管結紮や卵管結紮といった妊娠そのものを不可能にするような方法は用いてはならない」ということだった。また彼女は、「コーランは、解釈が重要であり寛容を持ち備えている」と常々言っていた。

村での調査の前に、このような経験もあったので、家族計画についても保健調査では女性たちから話を聞いていっても大丈夫だろうという確信のもと、この分野の質問も入れて調査の準備をした。

7　避妊方法と性に関しての思い込み

このアンケート調査において、家族計画の避妊方法については、選択形式・複数回答で、選択肢には子宮内避妊具・ピル（飲み薬）・注射・コンドーム・タイミング法・その他（内容を記載）という項目を用意した。

この調査で一緒に働いたパレスチナ人看護師はアンケート用紙が作成されてからの参加だったのだが、避妊方法の内容について違和感を抱いたようだった。看護師である彼女でさえコンドームを知らなかったのだ。彼女によれば「見たことがないどころかコンドームという避妊具の名前を聞いたこともないので、村で使っている人がいるとは思えない、これは健康教育の内容だろう」とのことだった。また、彼女曰く、「よく用いられている避妊法に膣外射精がある」とのことだった。彼女自身、私たちと働き始めたときには、5歳と3歳の女の子、6カ月の男の子の母親で、計画的に3人の子どもを妊娠・出産していた。初産後に産婦人科で子宮内避妊具を入れたが、ひどい痛みに襲われてすぐに外すことになり、それ以来、「避妊法はタイミング法と膣外射精を併用で、希望したときに妊娠することができた」と言っていた。

家族計画における避妊方法についてのアンケート項目を設定するとき、私も含めた「保健分野の専門家」の間では、先に挙げた項目について特に問題点や議論の争点となることはなかった。専門家にとって、膣外射精は不確実な方法であり、避妊法の選択肢に入れることすら考えつかなかった。私自身はそれまでのパレスチナでの保健指導の経験で、子宮内避妊具が中心で、他の方法もわずかに使われているだろう、という想定をしていたが、膣外射精については、避妊法として選択肢に入れることも、さらにはこの地域でよく用いられる方法であるとは思いつきもしなかった。

膣外射精を選択肢に入れることを私が思いつかなかったのには、パレスチナは性における男性優位の社会である、という思い込みがあったからなのかもしれない。すべてのケースに当てはまるわけではないかもしれないが、家族計画を前提とした性生活において、男性の意思と行動によって可能になる避妊がなされているということは、夫婦間のコミュニケーションがあって性生活が営まれていることを含意する。そのこと自体は当たり前であろうことだが、男性優位という刷り込みか何かによって、考えつかないでいたことに気づかされた。

膣外射精も避妊方法のアンケート項目に加え、コンドームについてはほぼゼロ回答になるだろうと予想しつつも、選択肢には残し、コンドームを知らない女性たちにはその場で説明をして、家族計画関連の健康教育につなげていこうということになった。

8　生と性は密接なるもの

母子が健康に生きることを手助けできることを願いつつ展開した保健調査において、性生活にかかわることが重要なのは当然で、私はそれまでのパレスチナでの経験で、家族計画について聞いても大丈夫との確信を持っていた。しかし、それは「専門家」としての意見を超えたものではなく、そこに生きる人びとの視点には立っていなかったことを痛感させられた。私が思った以上に、女性たちは避妊や性生活について、当然のこととして語り、また、保健分野の専門家である私たちに具体的な質問をなげかけた。

村の女性たちが最も多く用いていた避妊方法は子宮内避妊具で、次の子どもがいつ欲しいかによって、

3年有効な器具か、銅が巻かれている5年有効な器具かが選ばれているようだった。膣外射精はその次に回答数が多かった。膣外射精という回答を果たして女性たちが伝えてくれるだろうかと私は心のどこかで疑問に思っていたのだが、パレスチナ人看護師は状況によっては遠回しな聞き方をしつつ、上手く聞き出していた。彼女は、私がそのアラビア語を聞き取れていないことを察したときは英語で「外」と一言告げ、私はそれをアンケート用紙に記載した。ピル・注射・コンドームはほとんど使用されていなかった。複数回答なので、タイミング法についても、使用したことがあるといったような感じで答える比較的若い年代の女性はいて、実際にそのような知識を得る機会があることを私たちは知ることができた。

9　パレスチナ式コンドーム説明からの学び

同僚のパレスチナ人看護師はコンドームについて、ユーモアを交えながら絶妙な説明を展開した。コンドームという言葉そのものを初めて聞いたような表情の女性に対しては、「女性を望まない妊娠や感染症から守ってくれる風船のようなものでセックスのときに男性の大切なところにつける。その名は、コンドーム」といった感じで口上を述べるように説明した後、女性たちから質問などがあれば、家族計画の相談にも乗ったりしていた。

パレスチナ式コンドーム説明を聞きながら、私は日本で保健師として働いていた20歳代半ば、受胎調節実地指導員研修のときに聞いた、日本初のコンドームのエピソードを思い出した。20世紀初頭、当時の陸軍で使用された、ほぼ日本で最初のコンドームの名前が「突撃一番」だったという。それを聞いた私は心底驚いた。軍隊という環境で男性側の性において初めて紹介されたコンドームが「突撃一番」と表現される一方、同じコンドームがその存在を知らない女性に対して「守ってくれる風船」と説明されることに衝撃を受けた。パレスチナ式コンドームの説明が、コンドームの本質であると信じたい。

10　おわりに

フィールドにおける性というテーマでパレスチナの村で携わった母子保健調査を振り返ってみたときの気づきは、保健分野の専門家かつ日本人である私の思い込みが、性を見落とす原因になりかねなかったことだった。そして、それに気づかせてくれたのは、現場に生きる人びとであった。私にとって、フィールドであるパレスチナは学校であり、出会った一人ひとりが先生であった。

村での保健調査プロジェクトは2000年春に終了した。プロジェクトは発展的に継続し、ヨルダン川西岸地区ベツレヘムの難民キャンプでも同様の保健調査を実施することになり、私は次のプロジェクトにも参加した。

2000年7月、イスラエルとパレスチナの和平交渉は決裂し、2000年9月28日に第2次インティファーダ（民衆蜂起）が勃発した。ヨルダン川西岸地区内の主要道路は各所でイスラエル軍によって封鎖され、パレスチナ人の移動は極端に制限され、保健医療や教育サービスへのアクセスも困難な状況になった。ベツレヘムの難民キャンプでの保健調査は続行したものの、状況が悪化したときは一時中断しなければならなかった。また、移動封鎖に加え、悪化する社会・経済状況のなかで保健医療サービスへのアクセスが困難になる人びとが増加し、私たちのプロジェクトも医療保健サービスへのアクセスのサポートに拡大しなければならなかった。

第2次インティファーダが激化した2001年の冬、米国医療チームが年1回の子どもの手術のために北部のナブルスの病院に来るという連絡が入った。しかし、イスラエル軍による移動封鎖のため、南部のベツレヘムやヘブロンからナブルスにたどり着ける状態ではなかった。軍事封鎖下においても、各国大使館の外交官の車と国連の車はかろうじて動くことができていた。難民キャンプで活動していた私たちは、UNRWA（国連パレスチナ難民救済事業機関）と調整し、手術が必要な子どものために、車体にUNと大きく書かれているUNRWA専用バスを提供することを決定した。

ベツレヘムの難民キャンプの子どもだけではなく、ヨルダン川西岸南部のベツレヘム地区とヘブロン地区の治療を必要としている子どもたちが、UNRWAバスでナブルスの病院に行くことになった。その日は早朝から、難民キャンプのセンターに子どもたちと母親が集まってきた。ひとりの母親が私に声をかけてきた。母子保健調査を実施した村から来たとのことで、私のことを覚えていてくれた。彼女は私に「あなたが来てくれたから」と言い、治療を受ける2人の娘を紹介してくれた。

紛争下の移動封鎖のなか、自力でヘブロンの村からベツレヘムまで来て、さらにナブルスの病院に行くことは国連機関のバスがあっても容易なことではない。厳しい状況でも、この家族は2人の娘が生きていくために治療を受けさせることを決断し行動を起こした。もし、私たちの生に向き合ったフィールドワークが、子どもたちが生きていくことに少しでもつながったのであれば、それはこの上ない喜びである。

第2章

つながりを構築する
――紐帯のビルディング、あるいは社会関係の科学[1]

ダリラ・ゴドバン／翻訳・志田夏美

フィールドワークにおいては、すべてを入念に計画しておくことが最善とは限らない。カイロで行った酷暑下の気候対応型家屋に関する調査において、事前に用意した計画では現地でスムーズに受け入れてもらえなかった。その背景にあったのは、日常全般における物事の認識の違いであるが、こうしたすれ違いの経験から自分自身が抱える偏りに気が付けることもまた、フィールドワークの重要な成果なのである。

一見、フィールドワークに必要なスキルには、一般的な社会的相互行為（ソーシャルインターアクション）以上のものはないようにも思える。まさにそのために、エスノグラフィー（民族誌）の科学性について外部から再三疑義が呈されてきたのだろう。とはいえ、調査される側の視点から見た場合にもフィールドワークは単なる行き当たりばったりの出会いでしかないのだろうか。当然、それらの間には決定的な違いがある。その違いは、フィールドワークにかけた時間の成果として得られる具体的な（客観化可能な）知識もさることながら、知的生産の根源にかかわる距離の問題を再帰的に探求することから生まれるものである。本章では、この点を検証していきたい。

エスノグラファー（民族誌学者）の試みは、私たちが調査のためだけにその場にいるということ、さらにはその場にいる人びとに依存していることによって、冒険的なものとなる。一つひとつの冒険は、ズルーフ（*al-zurūf*）、すなわちエジプトでいう「状況」ごとに必然的に異なるものである。

私は、カイロでのフィールドワークを始めた当初、他のエスノグラファーと同様に、自分がそこにいることをいかに正当化できるだろうかと思案した。『そこにいること（*BEING THERE*）』（Borneman and Hammoudi 2009）という広く知られた書籍の題名とは反対に、私は、ただそこにいるだけでは十分ではなく、そこで何かをする必要があるだろうと考えた。もちろん、エスノグラフィーの実践とは「何もしない」ことではない。けれども私は、対話相手の誰もが同じように理解してくれるわけではないことを危惧していたのだった。

この予想は、調査のなかで形を成し調査を通じて実証されるべき仮説とどこか似たところがある。インフォーマント候補者に私の存在を容認してもらう方法、さらには好ましいとさえ感じてもらう方法を編み出すためには、リサーチクエスチョンや仮説を社会科学的に形成するのと同じようにスキルが必要なのである。近接性と決定的な距離の間に生まれる出会いにおいて、未知と既知との組み合わせは、その始まりの時点ですでに中心的課題となっている。現に調査対象者の期待に関する私の予想、すなわち、そこにいるためにはその場所で積極的に何らかの貢献をする必要があるのではないか、という考えは、的を射たものではなかったことが後に明らかとなった。

私は建築家としての自分の専門知識を活かせることから、都市の建築遺産保全活動を行うある団体に加わろうと考えていた。その団体は、調査目的に照らしてあらかじめフィールドワーク候補地に選んでおいた場所に拠点をおいていた。私がこの団体に特別な関心を寄せた理由は、彼らが現地コミュニティとともに活動を行っていたからである。このやり方（団体の活動を通じてコミュニティ住民とつながること）が、現地でつながりを構築するのに最も容易な方法だと私は見込んでいたのだが、その団体で働く私の同僚はそうは思ってくれなかった。彼らの友好的態度とは裏腹に、私が期待した共謀関係は彼らに不信感を抱かせたようだった。もっとも、そのことについて明確に言語化されることはなかったが。

団体で働くある人物は、私が自分の研究について話すと、あきれ顔でため息をついた。「はあ……、気候変動、女性、住宅、開発、遺産……、外国の研究の流行り言葉のちゃんぽん（組み合わせ）か……」。私の計画では、団体が頼りにする人物を通じて、住民たちの信用を得る予定だった。私はそのとき、暑さに関する家庭内の慣行について調査を始めようとしていた。酷暑環境で熱しやすい家屋に住んでいる人なら誰でも、すなわちカイロのような都市に住む人なら誰しもが私の研究に興味をもつだろうと予想していたのだ。この計画は概ね完ぺきだった。しかし今ふり返れば、その完ぺきさこそが、この計画がほとんど成功する可能性がなかった理由であった。そこには、当然生じるであろう出会いの偶然性を招き入れる余地が残っていなかったのである。

その団体が地域コミュニティで熱心に活動していたこともあり、私はこの機会に近隣住民に対して温熱環境改善のアドバイスを行うことも考えていた。それ自体が私の研究トピックでもあった。そうした活動のなかで、私と彼らの利害は一致し、皆がこのやりとりから利益を得ることができるだろうと考えていたのである。彼らが私に家屋の調査をさせてくれる代わりに、私は彼らに最適な解決策を提供するというわけである。建築家として専門的なサービスを提供することは、団体で働く他の建築家たちの活動に無償で貢献することになるだろうと考えてはいたのだが、こうした私の思惑が彼らの注目を集めることはなかった。

私の失敗の原因は、他にもいくつもあったことだろう。たとえば、ヨーロッパで取得した建築学の学位は、先述のやりとりを交わしたうえでなお、現地コミュニティのために活動する私の同僚たちにとって大して重要なものではなかったようである。彼らの手順、すなわち彼らが好むやり方あるいは彼らの関心に沿うかたちで、私が比喩的に自分の居場所を作り出すことに失敗したのは明らかだった。

1 彼らの流儀で知り合いをつくる

結局、すでに存在する体系化された社会的相互行為を利用することが、現地で居場所をつくる上での手堅い道のりであるようだった。私の場合、知り合いの親戚を通じてインフォーマント候補者を紹介してもらうことで最終的にうまくいった。夫とともにカイロに到着した２０１７年3月、私たちは、エジプト人男性と結婚したヨーロッパの研究者仲間が所有する部屋を借りた。そのエジプト人男性の家族は例の団体が活動する地域に暮らしていた。私たちは、その集合住宅で何かあった場合、彼の姉妹のオンム・ラーニヤに相談するよう言われていた。私がまだこの歴史的地区での暮らしを模索している間、フィールドワークのゲートキーパーとなってくれたのが、この女性である。

エジプトでは通常、周囲の口利きをもとに店や職人、サービス業者が選ばれている。外国人である私は、騙される危険性が高かった。そこで、私はジャケットの修繕を依頼するために、信頼する仕立屋をオンム・ラーニヤに紹介してもらうことにした。この要請に、彼女は熱心に応じてくれた。私たちは彼女の家のすぐ近くで落ちあい、仕立屋の工房を探して彼女の暮らす地区のなかをぶらぶらと歩いていった。私がプレゼントとしてもらったペンダントをつるすチェーンを探していたので、彼女の馴染みの宝石店にも訪れた。この散策も終わるころ、彼女が家に来ないかと誘ってくれた。

私たちは彼女の住まいがある狭い袋小路にたどり着いた。そこに行きつくまでには、建物の地階（日本式の1階）部分を通り抜けたり、その前にも迷路のような通りや路地をしばらく歩きまわらなければならなかった。彼女が住む建物はとても小さな3階建ての家屋であった。オンム・ラーニヤは2階（日本式の3階）に10代の子ども2人と暮らし、1階（日本式の2階）には未亡人である60代後半の母親が住んでいた。私たちはソファーに座って、温かい飲み物を飲んだ。私は人見知りをおして会話に励み、彼女を喜ばせようとした。彼女に再び招いて欲しかったのだ。それに実際、その地域で迷子にならないためには彼女の助けが必要だったし、仕立屋からジャケットを受け取るためにも私たちは再び会う必要があった。

オンム・ラーニヤが喜んで私のガイドを務めてくれていることは明らかだった。彼女は若い女性で、人と一緒にいるのが楽しいようだった。エジプトではとりわけ離婚した女性が親族の輪を越えて人と会える機会は限られている。その後、彼女は何度か私を自宅に招いてくれた。[2]

翌年、私は調査研究のために今度は単独でエジプトに戻ってきた。このときついに彼女は、建物の地階（日本式の1階）にある小さなアパートを私に貸すことに応じてくれた。こうして私は、彼女とともに時間を過ごすことで、彼女がどのように家屋内の暑さに対処しているのかを観察できるようになり、これによってフィールドワークをさらに掘り下げて続けることができたのである。

2　蜃気楼を追う

　もともと、この歴史的地区を選んだ理由は、伝統的な家屋の現代的利用について観察するためだった。実際、中庭や木製格子が嵌められた窓、採風塔を備えた「イスラーム建築」のデザインは、専門書において理想的な気候対応型設計として誉めたたえられてきた。それゆえに私は、こうした建築的特徴による気候的配慮を今日、伝統的家屋に住む人びとがどのように経験しているのかということに興味を持っていた。けれども、このような「モデルハウス」を数ヵ月にわたり探し続けた後、私は気が付いた。調査対象となる家屋を見つけられないでいるこの事こそ、実は本来の研究目的に関連した問題であったのだ。つまり問題は、私が建築家として、特定の建物にのみ他の建物以上の価値を見出すよう学習してきたことにあった。

　今や、この特定の建物にのみ向けられる関心とその影響こそが、私の議論すべき対象となった。建築家による建築環境にまつわる問題と解決方法の理解の範囲は、これらによって制限されている。遺産価値のある建物とはどのようなものであるかを自分がわかっていると私が考えていたことはその一例である。カイロの場合、再利用、増築、除去といった形で、ほとんどの家屋が古い要素と新しい要素の組み合わせでできている。このような融合性によって、どんなカテゴリー化の試みも――たとえば「遺産建築」のような――不正確で不適切なものとなる。少なくとも本研究が対象とする事例においてはそうであった。オンム・ラーニヤの家屋は、カイロの建築が多様なものからできていることを示すよい例である。このような観察をもとに、私はいわゆる建築的価値に関係なく、アクセスできるすべての建物を調査対象に含めることにした。なぜなら、建築上の価値へ意義を唱えることそのものが、一つの研究目的になったからである。

3　ルーティーンを調査・実践する

オンム・ラーニヤのハーラ（近隣住民が共同利用する狭い路地。この地域の旧市街の特徴となっている）に暮らしている間、私はほとんど毎日、所属する研究所に通い、そこで午前の数時間を過ごしてから家に帰るという生活を送っていた。私は彼女の10代の子どもたちが学校に通う日常をまねて、なんとかハーラ（路地）での生活にとけこもうと努力した。あるときは、研究所に通う研究者として、またあるときは、女性ばかりの建物に間借りしながら近所の人たちとともに時間を過ごす一人の女性として。こうした平凡にみえる瞬間が、フィールドワークという時間的枠組みの非日常性から私を引きはがしてくれた。私のインフォーマントたちは、私の隣人であると同時に、私の世話人であり、私の現地の同僚の親族であり、専門的つながりを共有する人びとでもあった。私にはそこにいる理由があり、その理由を公然と問う者はいなかった。つまり、多少の距離を感じながらも、私は彼らにとって識別可能な存在になろうとしたし、逆もまた然りであった。

そして、こうした互恵的関係性はエスノグラファーとインフォーマントの間のバランスのとれた関係を保証していた。それは、フィールドワーク倫理をめぐる論争で主流とされてきたような、想像上の支配関係とはかけ離れたものである。フィールドワークの場に溶け込むためには、インフォーマントの視野のなかに認識可能なものとして比喩的に身を置く方法を思い描く必要がある。要するに、エスノグラファーとしての自分自身を――たとえ仮定として、あるいは慣例的なものとしてであっても――調査対象者と対等な人物として考え始めることによって、様々なことが自らの位置づけにかかわる実存的な問いかけになるのである。

4　彼らの視点

本章で述べた二つの試み――団体の活動に参加することとオンム・ラーニヤの家でお世話になること――は、フィールドに入る際の数々の困難が研究における重要な知識の源泉であることを示している。社会的相互行為においてインフォーマントの視点を取り入れることは、フィールドワークを可能にするだけでなく、研究本来の目的の一つでもある。言い換えれば、彼らの視点を重視する努力は、私の研究目的そのものでもあった。

このことは、私が研究内容について調査対象者に説明しようとする際には当然のことのように扱われた。たとえば、私が研究トピックを説明する際、自分は建築家で、人びとがどのように屋内の暑さを経験しているのか知りたいのだと言うと、彼らはしばしば困惑の表情を浮かべた。二つの情報の結びつき――建築家であることと、暑さのようにコントロールできないものを研究すること――の間に関連性があるとは思えないようだった。建築学にかなり精通した対話相手の場合――そのほとんどが私のインタビューに応えてくれた建築家だったのだが――、彼らの半ば機械的なコメントは、私がカイロの現代建築に関心を持っていると強調したにもかかわらず、イスラム建築や伝統的建築など遺産建築に関するものに終始した。彼らのこのような反応は、気候対応への彼らの認識のあり方を示している。それは、標準的な気温や気流、湿度の測定ないし遺産保全の測定以上にはるかに複雑なものとして理解されているのである。

屋内での高温気候の経験を観察・追跡することによって、温度に合わせた生活実践を彼らの文脈に位置付けて理解することが可能になる。また、彼らが生活実践において建築を除外しているという事実からは、新しい問いが浮かび上がる。気候に関連した建築の専門知識とは、いったい、いかなる場合に意味をもつものなのだろうか。

5　相互承認と専門知識の社会的性質

多くの調査研究において、専門知識の持つ意味合いには建築家と住民との間で、ズレがあることが示されてきた。専門知識とは、ある意味では、社会が望む限りにおいて信用に値するものとされている。ゆえに、オンム・ラーニヤたちとの同居生活において、専門性を具現化する能力と専門性を実践する能力との間には、驚くべきパラドックス（逆説的現象）が生じていた。たとえば、私の大家が家の平屋根の断熱を計画していたときのこと。彼女は、直射日光に晒されて生じる屋内の過熱にひどく苦しんでいた。そこで、彼女は近隣に住む息子たちに助けを求めた。彼らは、家の修理や何かを取り付ける必要があるときに度々、彼女を手伝っていた。また彼女は別の近隣住民に手助けを求めることもあった。建築現場で働く「ファリードおじさん」である。一方、私に平屋根を断熱するための適切な技術や材料について尋ねることはなかった。

おそらく私の建築家らしき能力をそのような仕事に不十分なものだと考えていたのだろう。近隣住民の一人がオンム・ラーニヤを訪ねてきたとき、彼は、私がふさがっているとばかり思っていた窓を開ける方法を見出した。私は彼に冗談まじりで、「私は建築家です。アラビア語では技術者と同じ言葉なので、私は自分で解決策をみつけるべきでした」と言った。すると彼は、「建築家とは理論家――ナザリー――という職業だ」と応えた。それにはオンム・ラーニヤも同意した。

その一方で、私は他の調査協力者から主に内装にかかわる問題、たとえば壁の色やリビングルームの装飾的な列柱の追加などについて意見を求められることがあった。それを除けば、他の人から平屋根を直射日光から保護するための解決策を尋ねられたことはあったが、その設置に関して何かを聞かれることはなかった。建築家の仕事とはコンピューター上で図面をかくことであり、技術的課題や建設的議論に取り組むことではないという考えは、フィールドワーク中に聞いた数々のコメントにはっきりとあらわれていた。

このように、知識／認識の原則における連続性は方法論的なものでもあり、試行錯誤的なものでもある。つまり、フィールドにアクセスするための手がかりとして役立つ点では科学的なものにもなりうるが、その連続性が研究内容に実体を与える点では経験則的なものでもあるといえるだろう。ここでいう知識とは、エスノグラフィーから学んだものを指し、それは承認のプロセスを経て得ることができた結果うまれるものである。そして、この承認とはエスノグラファーとインフォーマントとの間の相互識別および互いの存在の常態化を意味しているのである。

6　互恵関係の維持

おそらく、私の主たる関心事の一つは、関係性におけるある種の互恵性を可能な限り認識できるようになることだった。互恵性とは、人間同士の心理学的な貸し借りに依拠するものである。ただし、この負債の価値は交換するモノの価値にではなく、交換それ自体に依拠している。たとえば、部屋の設計図をかくための測量をインフォーマントが許可してくれたとして、その見返りに、その設計図を彼らに渡すことは適切ではない。そうではなく、たとえば子どもの宿題を手伝ったり、ナッツやフルーツを手土産にしたり、定期的に彼らを訪ね時間を過ごしたりすることの方が歓迎されることだろう。なぜならそうした行為は、関係をつないでいくことを通じて、彼らの価値の尺度に照らしながら物事の価値を理解しようと努めていることを示しているからである。また別の場合には、その逆もある。個人的な関わりではなく、対話相手が自らの権威的立場を確認するために必要な、形式的な態度や敬意の表現を期待されることもある。こうした期待は、建築家や教授には珍しくなかった。私の調査対象者たちは美観地区に住んでいたため、私はまさに中産階級の特徴ともいえる気軽さと慎み深さのバランスをみいだそうと試みていた。さらに、彼らとのやり取りは概して契約的性質を帯びており、私の科学的要望はできる限り明解であることが期待されていた。それによって他のことについて話せなくなるわけではなかったが、私が望むものを明解に示すことは、彼らが私と会話を交わす際の条件となっていた。

私がこの短い論文で公開したフィールドワークへの取り組みは、対話相手の暮らしに私が踏み込んだ結果としては、多少センシティブ過ぎるように見えるかもしれない。事実、私は、フィールドワークに入る以前の段階のいわゆる倫理的問いかけにおいて、あたかもパラドックスがあるように感じていた。その背後にあったのは、エスノグラファーのせいで調査対象者ならびに対象地域にネガティブな影響がもたらされるのではないかという懸念である。しかしながら、こうした側面を強調すると、逆説的に、エスノグラファーという主体をインフォーマントより優位に位置づけることになり、研究者との関わりで生じる結果を、まるで彼ら自身が評価できないとみなすことになる。ゆえに私は、フィールドワークを、あたかも調査地で行われている社会的相互行為のゲームへの部分的参加であるかのように考えることにした。このゲームは、対話者（エスノグラファーとインフォーマントの区別なく）双方に対する不確実性の共有をともなうものである。こうした見解をもつことで、調査遂行のために人びとの生活に侵入する、と考えるときに生まれる、ある種の緊張感は部分的にやわらぐのである。

【注】

1　英文のオリジナルタイトルは "Building Bonds or the Science of Social Connections".

2　招待を受けるか受けないかは、フィールドワーク上で私たちが調査対象者との関係構築をのぞむこととも関連するが、ここでその議論を始めれば表題から逸脱してしまう。以前、ある人が私に言ったように、招待されたとしても受け入れなければならないというわけではない（言い換えれば、断ることがときに最も礼儀正しい返答になる可能性もある）。

【参考文献】

Borneman, John and Abdellah Hammoudi (eds.). 2009. *Being There: The Fieldwork Encounter and the Making of Truth*. Berkeley: University of California Press.

第3章

「聞こえないトランスジェンダー」だった私のフィールド体験

伊東　聰

「忘れる」ことを前提に書いたフィールドノートを開いたとき、新たな「発見」に出会うことがある。私は「何者」だったのだろうか、いや「何者」とみなされたのだろうか。「男でも女でも障害者でも健常者」でもなかった私が「私」として受容された経験が、日本で「新法」を成立させる原動力となった。過去を内面化して感じ、経験を「振り返る」ということ、そして少数者から多数者をみつめる視点を感じてほしいと思う。

1　性同一性障害特例法をつくってしまった！

2002年のゴールデンウィークを過ぎたころであった。私はエジプトのカイロ郊外、マーディ（Maadi）の日本大使館にいた。当時所属していた大学院で修士論文のテーマとしてイスラームにおける性同一性障害者やトランスジェンダーを研究していた私は、エジプトのトランスジェンダーの医療と法の状況を調査するため、まるで仕事前の工作員のような緊張感をもって、そこにいた。今から18年前のことである。

　私がその修士論文を発表した２００３年には、ついに日本においても、性同一性障害特例法が議員立法により成立した。一部のトランスジェンダーは――性同一性障害という診断を受け、法の条件を満たした者だけという留保付きであるが――、公的に性別を変更することが可能になった。これにより、職業選択の幅は広がり、婚姻も可能になり、一般社会へと「埋没」[1]することができるようになったのである。その後十数年かけて、他の難病の患者や障害者、あるいは、性的少数者たちに関する政治政策の意思決定と法案の改正・成立は、爆発的に増えていった。２００３年の同法の成立は、その転換期の始まりにあった。

「論文を書いたら法律がつくれてしまった」。もちろん立法にはロビイング活動が有効であり、論文は後方支援だ。研究結果の実用化は、医療系・理工系では必須だろうが、法学や社会学、教育学、文化人類学など人文・社会科学系では、あまり経験することがない。

　少なくともこの法律制定に関わった一人としては、その実評価はともかく、法制化自体は肯定的な成果としたいところ。しかしそれ以上に私のフィールド体験そのものもまた、同様の状況に関心をもつ者にとって、次世代への扉を開くことを期待できるものではないか。トランスジェンダーに関わり始めたのは１９９６年、大学３年生のときである。社会人体験を経て、修士論文を書いたのは30歳を目前にした２００３年であった。そして今、２０２０年、私のフィールド体験を改めて語ろうと思う。

2　トランスジェンダーとイスラームの出会い

トランスジェンダーと性同一性障害の違いは何だろうか。かつて、トランスセクシャルといわれた医療概念である性同一性障害と、そのアンチテーゼとして1980年代にアメリカで生まれ日本に紹介された、トランスジェンダー概念。これら二つの大きな違いは、心と身体を一致させるか／させないか、にある。身体が男／女のどちらに帰属するかを問わないのが、トランスジェンダーである。それは「私は男だ」と思い、しかし「女とみまがう男」として生きたいと思う私へのヒントと思われた。

4歳のとき、長髪・化粧男子にあこがれたのは古代エジプトの絵本による。9歳でトランスジェンダーのファラオ、ハトシェプストを、その後継者である「女とみまがう」美青年ファラオ、トトメス3世を知った。そのジェンダー表現を実現したかったから漫画家を目指し、古代エジプト研究へ。「男でもなく女でもなく」と、日本の男女二元論的ジェンダー問題に悩み、現代エジプトでもイスラーム規範重視の男女二元社会論に失望するなか、大学のサークルの「エジプト遠征」ツアーで実際に訪れたエジプトで、「私という人間をありのまま受け入れてくれる体験」をした。ラマダーン明けの祭りの喧騒のなか、女性であることを誇るように歩く女性たち。障害を卑下せず、助け合いを当然と受け入れる障害者たち。日本では見ることのない「傷つけられることのないアイデンティティ」を主張するかのようなきらきらとした力強い目線に強く心を動かされた。自分の「オリエンタリズム」の投影ではないか、とその印象に確信をもてないでいた疑り深い私にも、それは印象的だった。1995年のことである。

トランスジェンダー以外にも無視できない属性が、私にはある。ひとつは誕生時の医療事故による「聴覚障害」。感音性難聴で補聴器使用。唯一の教育機関は岡山にあった。1981年の「障害者年」をめぐる政治的「紛争」、それは障害児を一般のクラスにいれる、いわゆる「インテグレーション（統合教育）」の論争であった。その第1号であった私は、お約束のようにいじめと暴力、孤独と自己肯定感の低下に悩む「バイオレンス」な小中学校時代を過ごし、結果難聴である自分を完全否定し、社会と距離を置き、

「普通の人」を演じることで「自分らしさ」を守ろうとした。

もうひとつは7歳からの「男なら男らしく」に厳格な表千家教授後継者教育の体験だ。17歳のとき「イエを守るため」の結婚計画を拒否したため、「逸脱者」として後継者候補から外された。これがジェンダー研究と実践に関心をもつきっかけだった。

岡山大学附属病院が性同一性障害の診療をはじめた岡山。そのジェンダー規範は、些細な男女の立ち話が地域コミュニティのゴシップやトラブル、暴力沙汰になるほど男女の区別や交際に厳しく、まさにそこは「日本の原理主義社会」であった。私の防衛策は「男だけ／女だけ」の領域に入らないこと。そんな社会的抑圧がそのまま私のなかに内面化されていたため、エジプトにも日本以上に強権的なジェンダー規範があるはずだと思い込んでいた。私は常に「正しくふるまえるか」不安だった。その懸念から長期の共同生活が必要な古代エジプト研究や漫画のアシスタント業務は断念した。

写真1　2002年、エジプト調査時の筆者

「男にも女にもなれない」「自分は障害者なのか健常者なのか」。人と人の関係を断ち切る「障害」に悩みながらの一匹狼の人生を送っていた１９９６年、埼玉医科大学の答申により、性同一性障害の存在を初めて知った。そしてイスラームが強い影響力をもつとされる社会であっても、「性同一性障害概念によりトランスジェンダーが救われる」ことに衝撃をうけた。そのため、まず性同一性障害概念をベースにエジプトの状況を整理し、課題解決の一助とすることを考えた。これが研究動機であった。私は長髪男子が比較的ゆるされる業界であったＩＴ系

の仕事を得て収入を安定させ、人間科学専攻で大学院生になった。そして10年にわたる性同一性障害支援の活動とともに、修士論文にとりかかることになった。

3　研究計画・修士論文調査が白紙に！

ジェンダー問題に苦しんでいた私自身のライフヒストリーと並行して、エジプトではまさに私の不安を具現化したような事件が起きていた。１９８８年にエジプトで発生した「ムハンマド・サリのアズハル大学退学事件」である。９年後の１９９７年、イスラーム教スンナ派総本山とされるアズハル大学の医学生で、性別適合手術をうけたことで退学になったムハンマド・サリに宗教権威であるアズハルは「女性としての身分を認める」とするファトワー（宗教的法解釈の見解）を出した。が、２０００年、女性としての医学部への復学希望は却下した。２００１年から２００２年にかけて調査したこの事件の顚末は、性同一性障害学会抄録や拙稿『「性別越境」をイスラームで考えた１９９７─２００３年』を参照されたい。

ムハンマド・サリが「身も心も女性になった」結果、「男性でも女性でもない」とみなされ、卒業試験がうけられず、結果退学になったこの事件は、日本の「ブルーボーイ事件（１９６９）」と酷似している。こちらは「性別適合手術が合法であるか」が世界で初めて問われた刑事裁判である。他方、ムハンマド・サリのケースは、現代のイスラーム解釈に性的少数者を受け入れる余地があるかを問われた事件であった。

トランスセクシュアル原理主義[2]という医療概念で性別変更が検討されるのはエジプトのケースが最初ではない。１９７９年、晩年にトランスジェンダー活動家として性同一性障害者のためのイラン協会を設立することになる、マリアム・カトゥーン・モルカラ（Meriam Khatoonpour Molkara, 1950-2012）氏の訴えにより、

写真2　マリアム氏（右）とその夫 (Photo by Kaveh Kazemi/Getty Images)
マリアム氏略歴
1978年、亡命中のアヤトラ、ホメイニ師に連絡
1986年、政府の性別変更の許可を得る
1997年、イラン政府の援助でバンコクで性別適合手術をうける
2007年、性同一性障害患者の保護のためのイラン協会設立

革命後のイラン政府が「イスラーム国家」として最初に性別変更を承認した。これを皮切りに、トルコ（１９８８）、エジプト（１９９７）、サウジアラビア（２００１）が後に続いた。マレーシアでは１９８１年に同様の訴えが起こされたが却下された。２０００年代に入ると、バーレーン（２０００）、クウェート（２００４）、カタール、ＵＡＥのアブダビでも許可された。２０２０年の現在、東南アジアやアフリカを除くほとんどのイスラーム（ムスリムが大多数の）地域で、手術要件こそあれ、性別変更が合法化されている地域が増えている。いずれの場合でも、性別適合手術の実施は、欧米諸国やアジアなどで適用される医療ガイドラインに沿った診断書と、裁判所の判決に加えて、ファトワーが必要とされている。

最初にイランで性別変更が合法であると知ったときの驚きは忘れない。当時、日本では性別変更の申し立てがすべて却下されていたからである。「あのイスラームが大きな影響力をもつ社会で性別変更ができるなら、日本でも可能なのでは？」と考えた。エジプト遠征で感じた人間的豊かさと性別変更できる社会は不可分のものとである感じ、その答えを探るため、修士論文の準備を始めたのだった。

まず事例研究の蓄積にとりかかった。日本やアメリカ、カナダ、ヨーロッパの事例は、まとまった先行研究があったため、比較的やりやすかった。問題は中東地域である。インターネット上の英語で読める資料は少なく、当時はアラビア語などの英語以外の言語の翻訳は困難な上、公開されている情報はほとんどなかった。また、中東のトランスジェンダーをサポートする団体が、拠点をアメリカなどに置いていることも、現地社会での活動の困難さをうかがわせた。それでもいくつか事例をみつけ、指導教授の「イスラーム（ムスリムが大多数を占める）地域全域対象だと多様性がありすぎるので、一地域に限定した調査を」というアドバイスを元に、私の原点であるエジプトを選び、修士論文では事例研究をもとにフィールドをつくることにした。参与観察は、博士論文で行う計画を立てた。

「現地にいけば」と思い、エジプトに渡航した私を待っていたのは、「日本で手に入れていたものがすべて」という現実であった。もともとエジプトは日本と違い、判例を蓄積する習慣がなく、当事者から入手する以外なかったのである。同性愛の団体とコンタクトをはかったが、折しも前年の2001年5月にエジプト人のゲイ52人が逮捕された「クイーン・ボート事件」でデリケートな時期であったため、彼らには会うこともできなかった。

4 「トランスジェンダーはNOプロブレム」

カイロにある日本学術振興会のオフィスで呆然としていた私に、「医師と弁護士にインタビューしませんか」と助け船が出された。こうして「聴覚障害者」の私による「外国人健常者」である医師と弁護士に対する前例のないインタビュー調査が行われることになった。それぞれ一時間と30分という短い時間で、筆談と通訳を介して行われたが、途中、「もやもや」とした「事前調査と何かが違うという言葉にもできない違和感と感情」が何度も押し寄せた。語られたことをありのまま素直に書き留めて、これを手土産に日本への帰途についた。そしてエジプトの医療と法のシステムを整理しつつ、あのときの「もやもや」を反芻しながら、イスラーム法の精神を学ぶことにした。そしてついに、従来言われてきたことと違う見解を「発見」した。当時、これを発表すると研究者のキャリアは終わりではないかという考えも頭をよぎったその「発見」とは、「イスラーム的価値観のほうが日本より病や障害に寛容である」「障害者も対等な仲間として扱われる」というものであった。かつてエジプト遠征でオリエンタリズムを疑った体験が、ここでついにイスラーム法の精神と結びついた。そこで見えたのはそれまでに学習した「抑圧的なイスラーム」観とはまったく逆の風景であった。

トランスジェンダーはNOプロブレムだ。

これは、最大の「もやもや」の原因となったインタビュー時の答えの一つである。エジプトの「NOプロブレム（問題ない）」の意味は、「実は重大なプロブレムを内在している（問題だらけ）」という、エジプト関係者に通じるジョークがある。実際どこまで「NOプロブレム」なのかは、警戒心を抱きつつ行う詳細な検討を経なければわからない。その多くは結局「問題を発見する」という「期待通り」の結果になる。しかしこの場合は文字通り「手術を希望しないトランスジェンダーもエジプト社会で暮らせる」と解釈してよいであろう。ムハンマド・サリも、亡命しないで2012年、日本のニューハーフのように、ベリーダンスで生計をたてていた。しかし復学を却下された理由がハラーム（宗教的な禁忌、許されないこと）な職業に従事していたことと考えると、プロブレムも確かに内在していたことになる。

しかし、それだけではなかった。まさにそのインタビューの場で「トランスジェンダーはNOプロブレム」を示す事象が「発生」していたのである。しかも「女とみまがう男」である私を通して、である。
このインタビューのもうひとつの特徴としてあえて聞くことをさけた質問がある。地雷を踏まないように言葉を選んだ結果、トランスジェンダーの研究をするなら必ずセットで聞くだろう次の質問を、私は口にしなかった。

同性愛者はどうなのか。2001年5月の「クイーン・ボート事件」は、エジプトではどう考えられているのか?

この質問を避けた理由は、イスラーム法で死刑もありえる同性愛者への迫害が頭にあったからである。大量逮捕の事件が起きたのはたった一年前のことだった。この話題を出すことでインタビューの場が不穏な空気になれば、調査の失敗につながるのではないかと考えた。私自身は「一介の男性研究者」という立ち位置を崩さないように、細心の注意を払っていたはずであった。ところがインタビューに同席していたエジプト人研究者の方から「クイーン・ボートの場合は」と切り出した。

同性愛者そのものが存在することを、エジプトでは否定しない。しかしクイーン・ボート事件でおきた動きのようにゲイ・ムーブメントのような社会運動の動きがあれば、それは「犯罪」としてタブー視する。

エジプト人のするどい人間観察力と気配りのすごさは、ブログなどの体験談でも散見される。中東世界で活躍したある日本人同性愛者の男性は、同性愛禁忌のなかで「出会い」を生み出すデリケートな非言語コミュニケーションについて記している。車を運転するときは、あの無秩序、カオスとみまがう道路で、あたかも渋谷のスクランブル交差点を歩く人が向かってくる人とぶつからないのと同じように、器用に車を乗りこなす。そんなエジプト人であれば、たとえ目の前にいる人が同性愛者やトランスジェンダーであることを隠し、規範を遵守していても、「わかる」といわれる。しかしわかったとしても、欧米社会で起きているように相手をヘイトクライムの犠牲者にすることはなく、むしろ黙認するという。それは他人の秘密を詮索、暴露することはハラーム、許されないことだからである。同性愛とトランスジェンダーのいずれにせよ、一方的なアウティングは非礼に当たる、と考えるのである。

そういえばエジプトにいて「ほとんど体験しなかった」ことがある。「男か女か?」と聞かれることである。多くのトランスジェンダーが世界のあちこちで経験する「性別への執拗な詮索」がエジプトで私に直接向けられることは、ほとんど「ない」に等しかった。私が「男だから」ではないだろう。むしろ私が男か女かわからない「トランスジェンダーかもしれない人」であったからこそ、エジプト人たちは「男か女か?」の追及を回避したのだと考えられる。そこにエジプト人のジェンダーに関する、意外に繊細なメンタリティーの基底にある、「相手の秘密を暴いてはいけない」という暗黙の了解がみてとれる。エジプト滞在中、性別を問われることもなかった上、インタビューでは同性愛の現状をも率直に語ってくれたのである。インタビューを受けてくれた彼らの気配りは、エジプトでの「トランスジェンダーかもしれない人」の扱いをそのまま体現していたと思われる。「私という人間をありのまま受け入れてくれる体験」はそこから生まれていたのだろう。インタビューをする側の「私の障害」にもかかわらず、短い時間のなかで行われたこのやりとりは多くの気づきの源泉として、今も貴重な体験になっている。

実はこの調査の直前に、エジプトを中心に中東世界で活躍するジャーナリストとの出会いがあった。「彼女」が性別移行をしたのは30代後半、それ以前の「男性時代」の知り合いも多くいたが、性別変更のプロセスがありのままに受け入れられ、何ら「障害」にもならなかったという。また、別のところではアズハル大学に「男の娘」の留学生がいたという記述もみた。体を変えることさえしなければ、ムハンマド・サリも「NOプロブレム」だったのかもしれない。

5 少数者のフィールドワークについて思うこと

2020年の今、私は「I was Transgender」である。「障害」は解決して卒業するもの、「女とみまがう」トトメス3世が「エジプトのナポレオン」とよばれる屈強な老ファラオに育ったように、私も今やどこからみても「男性」である。イスラーム法で導きだされた宗教法的見解にある性別概念、「人間は最終的に男／女に完成するように成長していく」を体現している。

2006年には音声言語による双方向の会話ができるようになり、2020年にはiPhoneやその他のデジタルデバイスの発展によって、電話業務や会議の「障害」が激減した結果、「聴覚障害者」という当事者性が希薄になってきている。医療介入や社会環境の変化は私の対人関係のインターフェースを変え、機材の発展は、フィールドワークの手法も変えるだろう。当時と同じフィールドワークはもうできない。しかし変わらず守っているポリシーがある。「忘れたいがために記述する」ことだ。時は流れる。起きた事象も「もやもや」もふくめ、素直にうけとめて記述していく。それは、後年その記述が新たな発見をもたらすからだ。

「私が何者か」。研究者が社会的少数者である場合、自己開示、「忘れたい」ライフヒストリーも重要なフレームとなる。ほかの日本人健常者と違う私だったからこそイスラーム法を考える新たな見解を発見することができたのかもしれない。旧来の研究手法であれば、研究者が健常者目線で内容をコンバートする必要があるが、健常者であった体験のない私はいくどもその試みに失敗した。

「ジェンダー規範に厳しい日本的規範と寛容なイスラームにもとづく規範」。私が得た調査結果の逆転現象は、イスラームの名のもとに行われる名誉殺人や性的少数者への暴力のニュースをみて「日本でよかった」と考えるのは単純すぎることを意味する。もはや日本とエジプトという二項対立のフレームではみえない「未発見の共通項・差異」がフィールドという鉱山には鉱脈のように眠っているのである。

最後に、2002年当時は障害者の旅も少なく、ましてエジプトに聴覚障害者が単独で留学・研究した前例はなかった。「情報障害者」の別名の通り、もともと人間関係が希薄で、考えが固執しやすく、体験が内面で純粋培養され「原理主義化・先鋭化する」障害特性や、今なお困難なコミュニケーション手法など、聴覚障害者が諸外国で適切なフィールドワークを行うにはまだ多くの方法論的課題がある。しかし、クルアーン第80章（アバサ）は障害者差別をした預言者ムハンマドが唯一、アッラーに叱られた話で、障害者教育を謳う。これを法制化した社会システムの調査はまだ未着手である。今は世界中の障害者が世界を飛び回っている。うれしいことに2019年秋に、ある車いす障害者の方がエジプトを旅行し、障害者フレンドリーなエジプト人は健在であると証明してくれた。次世代の研究者は何を「発見」するのであろうか。

【注】

1　トランスジェンダー用語の一つで、カミングアウト／アウティングがなく、社会のなかで「あるべき性」として普通に生活することを目標とする。戸籍上の性別の変更はそれを実現する最後の砦とされ、１９９０年代、２０００年代の特例法の成立にむけた動きにつながった。

2　性別違和に対し、性的少数者というアイデンティティはなく、男／女のいずれかに強く帰属意識を持ち、性別適合手術などで身体もふくめ、完全な性別移行を実現する主義思想。身体治療を必須とする概念のため、医療介入とは不可分であった。

【参考文献】

伊東聰（２００８）「『性別越境』をイスラームで考えた——１９９７-２００３年　上巻　ＭＴＦ性同一障害当事者のアズハル大学退学事件からイスラームの性別越境を読む」『ＧＩＤ学会雑誌10周年記念創刊特別号（10年の歩み）』ＧＩＤ学会事務局　２００８年12月22日（https://www.amazon.co.jp）/PUBLISHING-ebook/dp/B0762MZ4G7 2017/9/29）

第4章

現地を知る、相手を知る
――パレスチナのフィールドに入る

南部真喜子

相手を、現地を知りたくて赴いたパレスチナのエルサレム。自分がまっさらな状態で、すべてを受け入れる姿勢を示せば、その分だけ現地に近づくことができるのだろうか。当然のことながら、相手は彼らの期待に基づいた他者を求め、その期待もまた、彼らの振る舞いに影響を及ぼすものだろう。本稿では、留学中に同じパレスチナ人家族の家で過ごした、日系アメリカ人とモロッコ系フランス人の友人たちとの出会いを回想しながら、人間関係や立ち振る舞いの事例を通じて、他者を理解することについて考えてみたい。

2015年夏から2年間ほど、フィールド調査を行うためにパレスチナの東エルサレムに滞在した。私にとっては初めての長期滞在である最初の住まいは、あるムスリムのパレスチナ人一家（以下では、A家族とする）から間借りした一部屋であった。後にこの家を離れて別の住居に引っ越してからも交流は続き、滞在期間を通して拠り所となった家庭でもある。

A家族は、私のほかにも外国人を含む滞在者に部屋を貸していたため、この家を通じて知り合いになった人たちも多い。一家には数年前に亡くなった祖父の長男家族と、その弟家族の2世帯が同居していた。別の地区に暮らす親戚との交流も多く、人の出入りは頻繁にあった。多くの出会いが行き交う中で、当初私は、現地を、そして相手をよりよく知るためには、なるべく自分の先入観を取り除いた状態で、起こり得る様々な事柄を受け入れる姿勢でいることが、理解を深めることにつながると考えていた。

とはいえ、人は誰しも透明ではいられない。外から来た滞在者という存在も、相手に何らかの期待を喚起させるものになるのだろう。相手は彼らの期待に基づいた私を求め、その期待もまた、彼らの振る舞いに影響を及ぼすものである。

本章では、エルサレム留学中に、同じパレスチナ人家族の家で過ごした、日系アメリカ人とモロッコ系フランス人の女の子たちとの出会いと、それぞれの家族との関わりを回想しながら、人間関係や立ち振る舞いの事例を通じて、他者を理解することについて考えてみたい。

1　現地に入る

当時の調査目的は、イスラエルの占領下にある東エルサレムやヨルダン川西岸地区における収監の問題、すなわちイスラエル軍や治安当局によって逮捕されるパレスチナ人の政治囚人やその家族の投獄体験と、社会的現状を知ることであった。住まいをともにするA家族とは、調査の話そのものはあまりしなかったものの、ともに過ごした日常のなかで逮捕を垣間見ることもあった。

A家族と暮らし始めてしばらくして、隣の家の少年ひとりが逮捕された。いつもA家族の十代の息子と、近所の路地で遊んでいる同年代の男の子だった。イスラエル兵が家に来て、少年を逮捕したのは、隣に住む私たちも気がつかない早朝の4時頃だったという。その日の夜、夕食後に家族とテラスにいると、隣の家から父親の叫びにも近い大声が聞こえてきた。A家族の息子はその日、友人と同じように逮捕の対象となることを恐れた両親によって外に遊びに行くのを止められていたようだった。路上に駐留するイスラエル人兵士や警察官と、ささいなことがきっかけで衝突や逮捕につながることがパレスチナ人の若者の間では頻繁にあった。私が滞在を終えて日本に帰国してからしばらくして、多くの青年たちと同じように、A家族の息子も逮捕を経験し、半年間を刑務所で過ごしたと聞いた。

家では家族となるべく一緒の時間を過ごした。相手を知りたいという思いはもちろん、知人を介して突然紹介された私を迎え入れてくれたことが純粋に嬉しくもあった。まもなくして、その年のラマダーン月が始まったことで、夕食、とくに断食明けのイフタールを一緒にとる機会が増えたことも嬉しかった。私はまだまだアラビア語でのコミュニケーションに苦労していて、A家族の長女がときに英語を混ぜて説明してくれた。それでも、自分が何者であるのかということ、そしてここでの生活を楽しんでいて感謝していることを伝えきれないでいるような気が常にしており、その欠落を補おうとしたのもあってか、食後の片づけや床掃除なども一緒に行った。見よう見まねで家族の行動を真似る私を家族はそのまま好きにさせてくれていた。買い物も、色々なお店を見て回りつつ、家族が通う八百屋や香辛料店に通うようになった。

一方で、現地に溶け込みたいという思いから、たとえば、誰が何を身につけ、それが他人にどう判断されるかというような、日本にいたら反発しそうになるようなことでも受け入れがちだった。まっさらな状態で、すべてを受け入れる姿勢を示せば、その分だけ相手に近づくことができるのだというように、私は話すよりも聞き手になり、あまり主体性を介在させないようにしていたように思う。

2　ルームメイトとA家族

しばらくして、A家族の家にもう一人、別の滞在者が来ることになった。彼女は日系アメリカ人の学生で、アメリカの大学で教育学を学んでいた。夏休みの間に、現地の高校生に英語を教えるためにエルサレムにやって来て、知り合いのつてをたどって家族を紹介されたのだという。一足先に彼女と会ったという家族は私に「彼女、あなたそっくりの子だよ！　アメリカ人だけどね」と伝えた。

その後、彼女と対面した私は、彼女の生い立ちについて少しだけ話を聞いた。彼女の両親の祖父母の代が日本からアメリカに移住したこと。彼女はアメリカで生まれ育ち、日本語や日本との関わりはそれほど持っていないこと。大学ではアジア系アメリカ人の学生団体に所属し活動していること。私がiPadのメモ帳に彼女の名前をひらがなでタイプして見せると、「私の名前って日本語ではこう書くの？」と笑った。彼女と私は似たルーツと見た目を持ち、性格や考え方は似ているところも違うところもあった。また、パスポートの国籍を問われればアメリカと日本の違いがあった。

彼女は授業の準備が忙しく、家族と一緒に食事を取れる機会が限られていた。もちろん、家族も彼女なりの時間の過ごし方があることは知っていたが、私は自分が先にA家族の家に来たために、彼女が入りづらくなっていないかとたまに気にしたりもした。一方で、ふたり揃って同じ場所にいると、最初はアジア人の友人同士が一緒にいると思っていた周りの人が、彼女がアメリカ出身だとわかると彼女に対して政権批判を口にする、という場面に何度か遭遇した。A家族の女性は彼女の服装を見て、大胆なところもあると見なしたようだった。

たとえば、ある日の夕食後、A家族と居間でコーヒーを飲み、テレビを見ながらくつろいでいたときのことである。この日も、別の地区に住む親族の何人かが家族の家を訪れていた。彼女も出先から戻り、家族の団らんに参加した。ちょうど洋服を洗濯していたらしく、いつも履いているロングスカートの代わりに、ショートパンツを穿いて、その上から大判スカーフを腰に巻いていた。A家族の女性たちは、夫や兄弟、息子たち以外の親族がいる場では、室内でも頭から被れる布を着用している。その場に合わせてなるべく肌を覆おうとした、彼女なりの気遣いが感じられた。

私たちはソファに並んで座り、家族のにぎやかな会話を聞いていた。その場には女性も男性も、子どもたちも多く集まっていた。友人は足を組んでいたが、スカーフから足がのぞいていたようである。一人の女性がそれに気づき、友人を見てはっとした表情をしてから、目の合った私に向かって彼女に足を隠すように教えることを、その表情と仕草で伝えてきた。その女性の表情から読み取れたのは、足が見えているのが他人の目に触れると彼女が嫌だろうからというよりは、一体彼女は何という恰好をしているのだろうという反射的な反応に近いものだった。

A家族の家では、同じ親族の数世帯が一つの建物の各階にそれぞれ暮らしていたが、男性たちが階段を上り下りして別の階、つまり別の家族のフロアに移動する際は、中にいる人びとに向かって声をかけることになっていた。別の親族男性がこちらに来ると知った女性たちは、顔の部分だけがまるく空いた、頭から簡単に被れる布を纏うようにしていた。

ただ、このような装いや身なりは、男性との関係性においてのみ決定されることではないようである。A家族の高校生の女の子は、ラマダーン中は爪にマニキュアは塗らないようにしていると教えてくれた。

普段はあまり行くことのないモスクへ家族と礼拝に行く機会も増えるからというのが理由であったが、彼女本人はそこまで宗教的なことを気にしていないようだった。「わたしは別に気にしないけど、お母さんは塗らない方がいいと思うから、母のために（塗らないようにしてる）」と話していた。宗教がそう規定しているから、というよりは、特別な月に改めて神聖な気持ちで礼拝に向かう母親の意思を尊重しているような話し方だった。

一方でこれらと同時期に、私は家族の男性から「長袖の服とロングスカートをいつも身につけていていい子だ」というような言葉をかけられたことがあった。服装に関しては、家族の女性たちを真似ることはできなかったので特に意識せずにいたが、「いい子だ」と言われて肯定的に受け入れられているのならよかったと、そのときは単純に考えた。後になって振り返ると、もしもこれがパレスチナでなく日本であれば、誰が何を着ていようと、他の誰かに口出しされなくてもいいのに、と反発したかもしれなかった。とにかく現地を、現地の人の考え方を知ってみたいと思う気持ちは、ときに自分の主体性や価値基準をなくしてしまうものなのかもしれない。

またあるときは、日系アメリカ人のルームメイトと一緒に街を歩いて、私が通っていたアラビア語コースのある大学キャンパスに立ち寄ったことがあった。門の出入り口にいる守衛の年配の男性と私とは、毎日の通学で顔見知りになっていた。最初は私が日本から来た友達と一緒にいると思ったようだが、彼女がアメリカから来たと説明すると、アメリカがパレスチナの占領を続けるイスラエルを支援していることがいかに自分たちを苦しめているかについて口にし始めた。「きみの国が我々の生活をどうしてるか知っているか」。それは非難めいた口調であった。必ずしも彼女個人に向けられた言葉ではないが、少なくとも彼女をアメリカの一員とみなしたうえで投げられた言葉だった。

同じ部屋で過ごした彼女とは、夜の寝る前の時間によく話をした。彼女がアメリカの大学で、アジア人学生のためのサークル団体に入り、マイノリティの権利にかかわるその活動に当事者として精力的に取り組んでいる様子もその会話からうかがえた。のちに帰国した彼女が、今度は家族と一緒にエルサレムを再訪したときには、祖父母の世代が移住先のアメリカで、綿花農園で働きながら徐々に生活を確立させていった家族史についても話を聞いた。彼女のことをまだよく知らない相手から、たとえ彼女個人に向けた批判ではないにしても、アメリカ人としてその国に対する不満をぶつけられることを、彼女自身はどのように感じていただろう。現地を知りたいという共通した気持ちを持っていただけに、そのような場で個人の属性によって周囲の対応が変わり得ることに、個人では取り換えることのできないルーツがあるのだとも感じた。

他方でこんなこともあった。現地での留学期間もしばらく経ち、私はA家族の家を離れて別の住居に移ったが、家族との交流は続いていた。私や、日系アメリカ人のルームメイトが出て行った後の部屋にはその後も何人かが滞在し、その年のラマダーンが来る頃には、モロッコ系フランス人の女の子が入居することになった。パレスチナでもめずらしくない名前をもつ彼女は、父親がモロッコ出身で自らはフランスで育ったムスリマでもあった。大学でアラビア語を専攻し、卒業後にエルサレムで仕事をするために、これから数年間を現地で過ごすことになっていた。フランスでは小さい頃からラマダーンには断食をしていたが、これまでのように周りが普段通り食事をするなか我慢する空腹感に比べると、みんなで一緒に断食できるパレスチナでのラマダーンは精神的に楽に感じると話していた。イスラーム圏で過ごす初めてのラマダーンを楽しんでいる様子だった。

ある日、A家族のところに呼んでもらい、仕事を終えて戻ってきた彼女も交えて一緒に夕食を食べた。食後、テーブルを片付けて家族がテレビを観ながらゆっくりしていると、家の女性が彼女に向かって、コーヒーができたからそれを家族に出すように声をかけた。お盆に乗った小さなコーヒーカップにコーヒーを注いで、彼女は居間にいた家族に渡してまわった。別の日には、モップを使って水拭きする床掃除を一緒にするよう言われていた。

その口調が少し厳しく聞こえて初めは少し驚いた。ただ、家族は彼女を大切に迎え入れており、決してぞんざいに扱っているわけではなかった。それは、A家族の母親が普段、高校生の長女に向かって家事を手伝うように言う口調に似ていた。彼女はパレスチナ人ではなかったが、家族の目から見ればアラブ人であり、アラブ人の女の子であった。そして、自分の娘にするように、彼女にも家の仕事をする役割を期待し、それを口にして指示することを自然なこととして捉えたのかもしれなかった。

一方で、私は同じ家にいても、そしてその家に住んでいた当時も、そのように指示されることはなかった。その家族に、家族の暮らす文化に溶け込みたいという思いから、コーヒーをふるまってみたり、掃除をしている女性たちに交じって自分もモップを手にして床を水拭きしていたが、それらは特別に期待された役割ではなかったかもしれない。

3　相手を知り、理解すること

日系アメリカ人の女の子との会話のなかで、ひとつ印象に残っているものがある。彼女がまだ小さかった頃、通っていたアメリカの学校に日本文化に興味を持っている白人の女性教師がいた。ある年のハロウィンに、その教師は着物を着てみたいと彼女の母親に頼んだそうである。母親は家にあった着物を教師に着せてあげた。教師はとても喜び、着物を着てその日を過ごせたことに感謝した。教師が喜ぶ姿を見て、母親も友人も嬉しかった。でも、と彼女は思った。ハロウィンに着物を着た教師は、その日限りの楽しみとしてその姿を身にまとうことができる。日本の姿になり、また白人のアメリカ人女性に戻れる。だが、自分にはそれは叶わない。自分は一生、「このアーモンド形の目」で生きていかなければならない、と。それは付け外し可能な装いではなく、彼女自身の身体そのものである。

私は当初、現地を理解するためになるべく自分を出さず、相手に委ね、相手のやり方に合わせ、相手を真似することで近づこうと振る舞っていたように思う。すべてがうまく行くわけではなく、自分の理解力の乏しさや未熟さを感じることもあったが、同時に、外からやって来た不完全な存在として失敗を許されながら、新たに学べる自由も感じていた。けれど、それは私がこれまで、拭い去れない帰属のようなものをそこまで意識せず生活して来られたからでもないだろうか。場所が変われば、その場所に合わせることを、取り外し可能な装いのように捉えてはいないだろうか。相手を知るということの先に、立場や差異を超えた理解や共感があると望むことは、その自由をもつ者の一方的な思い入れではないのだろうか。

もうひとつ印象に残っている出来事がある。あるとき、街の書店に立ち寄り数冊の本を買い求めた。本を探すのを手伝ってくれた書店員と、ちょっとした立ち話から長い会話につながった。気が付くと、店の奥のテーブルでコーヒーをもらって話を聞いていた。私が投獄経験についての調査をしていると知り、自らも刑務所にいたことを話してくれていたのである。

「逮捕されたのは18歳の頃だった。大学1年生で歴史を専攻していた。続けなかったけど。正確には、刑務所を出てから2年間勉強して、大学は中退した」。現在は本屋で働き、パレスチナをはじめ、中東地域の歴史に関する個人のフェイスブックページも趣味で持っている。「政党の活動で、イスラエルに行って軍事作戦を決行することになっていた。けど結局は未遂に終わった。電話で作戦の指示を受けていた。でも電話で指示していたのは実はイスラエル当局だった。居場所が把握されていて、逮捕された」と当時を振り返る。活動していたことを、まわりの人たちは知っていたの、と聞くとこう答えた。「まわりの友人たちはみんな知っていた。でも両親だけは知らなかった。親は自分の子が刑務所に入るのを見たくない。まわりのみんなも、両親には言わないようにしていた」。そして続けてこう言った。「自分にも今3人の子どもたちがいる。一番心安らぐときは、子どもたちと山に行って自然に触れることかな」。

しばらく話を続けた後、じゃあ今度は君のことを話してと言われた。人の話や会話を聞くことばかりに慣れていた私は、自分の話をしてと言われて一瞬戸惑った。自分には話して面白いことはないと思いつつ、だけど目の前にいる書店員や、私がこれまで話を聞いてきた多くの人たちは、自分の話が面白いから語っているわけでもないのだとも感じた。相手が質問をしながら聞いてくれたおかげで、たどたどしく話し始めはしたものの、発話は再び相手に引き継がれていった。「自分にも昔は信仰がなかった。けど今は、神が自分たちの上にいる。その下で生きていると感じることはいいことだと思えるようになったんだ（中略）刑務所ではこうやって、一人ずつ自分のことについて話した。全部。一人終わるとまた次の人が話した。数日経ったら話も終わって、みんな本を読み出す」。

相手の体験を知るために、話を聞く。相手の文化を知るために、習慣や作法を学ぶ。だけど、それは単に相手に耳を傾け、話を聞き、相手のやり方に合わせるだけではないのかもしれない。私が一方的に感じていたもやもやは、立場の差異に根ざした問題であっただけでなく、相手が自分に開いてくれた分だけ自分も開く用意ができていなかったから感じたものかもしれない。書店でのこの予期せぬ会話は、そんなことも考えさせた。

本章では、人間関係を築く際の立ち振る舞いや、他者を理解することについて、滞在先のパレスチナ人家族とその家を通して出会った滞在者たちとのやり取りをもとに考えてみた。現地を、相手を理解したいという気持ちの奥底には、自分が外の世界からの侵入者であり、その差異をなるべく消して溶け込みたいという思いが潜んでいる。その一方で、現地における新たな学びは、自らの主体性を減らした状態で物事をとらえる自由も与えてくれる。だが、それらは自分にまつわる、あらゆる属性をまっさらにできる、取り外し可能な自由をもつ者の、一方的な思い入れでもあるのかもしれない。

第5章

パレスチナ人ゲイAとの出会い

保井啓志

フィールドに参与して調査を行っていると、対象地域だけでなく自分自身の「当事者性」に直面し、それに気づかされることがある。この当事者性とは、男性であること、同性愛者であること、日本人であることなど、個人がある特定の属性に所属していることを意図してよく用いられるが、しばしば、普段はあまりに当然のことであるため自らも気づかなかったような属性をも含んでいる。この気づきは、ときに、「未知なフィールドを客観的に観察する無色透明で中立な調査者」という前提を覆す、力強いものでもある。こうした自分自身の当事者性や立場に関する気づきは、はたして「共通性と差異」といった言葉できれいに整理できるものだろうか。そう言ってしまうことに暴力性はないだろうか。

1　パレスチナ人青年Aとの出会い

異なる文化圏とされる調査地を訪れると、自らの当事者性に図らずも気づかされる機会がたびたび訪れる。筆者の研究の調査地である、エルサレムを初めて訪れたときに出会ったパレスチナ人青年（以降Aと呼ぶこととする）との出会いも、その一つであった。Aとは日本人のパレスチナ研究者の紹介を通じて知り合ったのだが、紹介してくれた方曰く、「パレスチナ人のゲイの友人がいるから是非会わせたい」とのことであった。Aと筆者との出会いは、意図したものではなかったものの、全くの偶然ではなかった。そしてその出会いを可能にした要因は、調査地における筆者の当事者性と分かちがたく結びついていた。では、筆者とAを引き付けた要因とは、いったい何だったのか。

一つ挙げられるのは筆者側の事情によるものだ。筆者は、イスラエルとパレスチナの性的少数者をめぐる政治を研究対象としている。さらに筆者は、自らのセクシュアリティを公表している、いわゆるオープンリー・ゲイである。日本でも「ＬＧＢＴ」という言葉が一般化するなど、性的少数者に関する問題が表立って取り上げられるようになったものの、異性愛規範にもとづく偏見が根強い中で、セクシュアリティを公表している性的少数者当事者は未だに多くない。日本の研究者のなかでも筆者のような存在は「珍しい」のであろう。紹介してくれた方が筆者のこれらの事情を考慮していたことが、Aとの引き合わせが実現した一つの要因であったと推測できる。

一方、A側の事情も挙げられる。Aは、日本文化に精通し、強い愛着を持っており、在パレスチナや在イスラエルの日本人コミュニティや日本人研究者コミュニティにある程度通じていた。そのため、比較的閉じられたコミュニティのなかで、セクシュアリティ研究を行っている筆者が紹介されたことに合点がゆく。一見すると、これらの二つの要因は異なる事柄のように思われるかもしれない。だが、これから述べるように、「Aが日本文化に愛着を持っていること」には、やはりセクシュアリティが大きく影響しており、彼との出会いにはセクシュアリティという要素は欠かせない。

では、Aが日本文化に強い愛着をもつようになったのは、どのような経緯からなのだろうか。以下に簡単に記したい。

2 Aの生い立ちと日本文化

Aは1989年にパレスチナ難民2世としてクウェートで生まれ、幼少期にエルサレムに移住した。社会科の授業等でイスラエル／パレスチナ問題に触れたことがあるかもしれないが、今一度説明しておきたい。ここで言うパレスチナ難民とは、1948年のイスラエル建国とそれに続く戦争によって故郷を逃れた旧イギリス委任統治領パレスチナに住んでいた、非ユダヤ系の人びとおよびその子孫のことを指す。イスラエル国内避難民となった、いわゆる「イスラエル・アラブ」の人びとを除いて、多くのパレスチナ人は無国籍状態で生活を続けている。

Aが自らのセクシュアリティと、社会的に望ましいとされる規範的なセクシュアリティとの間に齟齬が生じていると感じ始めたのは、Aが12歳の夏であった。Aの家族が結婚式に出席するためにヨルダンのアンマーンに行ったときに、アンマーンのタクシーの車内で同性同士がキスをしているのを目撃したのである。また、同じ年の夏、彼はイスラエルの衛星放送を経由して米国のドラマを見ていた際、同性同士の性交渉の描写を偶然目撃してしまう。Aはこれにより、「ゲイ」といった用語を初めて知ることになる。

しかし、Aのこの同性同士の性愛との邂逅は、同時に苦悩の始まりを意味するものでもあった。当時Aは東エルサレムで初等教育および中等教育を受けていた。東エルサレムはイスラエルがエルサレムを統一する1967年までヨルダン領であった歴史的経緯から、現在でもパレスチナ人が多く住む地域となっている。イスラエルは1993年のオスロ合意以降、パレスチナ自治政府の「自治を尊重」しているため、東エルサレムでは多くの学校がパレスチナ自治政府の影響下にある。Aが通っていた学校もパレスチナ側の教科書を使用し、その教育を受けていた。Aは8年生、13歳のころ、宗教（イスラーム）の授業で「同性愛者が地獄に落ちる」と、そのときの招待講師であるイマーム（イスラームの宗教指導者）が説明したのを耳にした。さらに、ちょうどこの頃、アラビア語の同性愛者に対する侮蔑語や、同性愛者が社会において忌み嫌われる存在であることを知った。Aによると、当時A自身の振る舞いはいわゆる「男性的」なものではなく、ほかのクラスメートとの間にセクシュアリティに関して違和感を抱いていたものの、それが原因で身体的な暴力やいじめにあったことはなかったと言う。Aの苦悩はもっと内面的なもので、自身のセクシュアリティが規範的でないことに対して、自己嫌悪と罪の意識を抱いていたという。こうして、思春期の大半を自らのセクシュアリティと、社会規範との葛藤の間でAは過ごし、自ら命を絶とうとしたことも3度ほどあったという。

事態を打開するために、Aは自らお金を集め、一人でラーマッラー（パレスチナ自治区ヨルダン川西岸地区にある都市）にある精神科を受診することにした。しかしAの期待とは裏腹に、この精神科で適切な診察を受けることはできなかった。Aの精神科医は、Aの話を聞き、転向療法（患者の性的指向を異性愛に矯正するための治療のことで、現在この転向療法は効果のない疑似科学であるとされている）を勧めたのである。Aによれば、Aの精神科医は医師免許を持っており、「同性愛は精神疾患ではない」との見解を出しているアメリカ精神医学会のマニュアル（一般にDSMと呼ばれる）に従っているはずである。しかしAによればパレスチナでは同性愛を治療の対象とする伝統的な解釈に固執し、DSMの解釈に従わない精神科医も多いという。その精神科医がAに勧めたのは、1、神に祈ること、2、ゲイのポルノグラフィを見るのをやめること、3、学校の女子生徒のスカートをめくることだったという。3番目のアドバイスに至っては、治療的な効果がないだけではなく、同意なく他者（女性）を性的に蹂躙するセクシュアル・ハラスメントで、今考えてみれば全くひどいものだったと、Aは冗談めかして教えてくれた。

これらの「治療」は、もちろん結実することはなく、Aが異性愛者になることはなかった。なす術がなくなったAはこの頃から、精神安定剤を服用するようになったそうだ。しかし、ここでAの人生に一つの転機が訪れる。インターネットの普及が未だ完全ではなかった中、たまたまインターネット上で、日本のボーイズ・ラブのコンテンツを見つけたのである。それ以来、本人が自らを「腐男子」と呼ぶほど、ボーイズ・ラブの文化に魅了され、それに伴い日本文化にも関心を寄せるようになった。曰く、Aにとって、ボーイズ・ラブ・コンテンツは、彼にとって肯定的な意味での「別世界の出来事」であったと同時に、同性愛者としてのロールモデルを提供したのである。

その後Aは、米国への留学をきっかけに、同性愛者としての自我をますます確立させる。それ以来、Aは自分のセクシュアリティを徐々に公開するようになり、家族にもカミング・アウトをした。旧約聖書に起源をもつソドムとゴモラの神話から、イスラームの聖典クルアーンでは、一般に同性愛は宗教的禁忌と解釈されている。Aの家族は敬虔なムスリムだったこともあり、Aの両親にとって息子が同性愛であることは宗教上の罪であり、Aのカミング・アウトが好意的に受け入れられることはなかった。カミング・アウトをきっかけにAは一家から追い出され、決定的に不和となってしまう。現在も家族との仲は悪いままだが、Aは、自分は「すべてを犠牲にして自らの居場所を確保した」と語ってくれた。

3　研究と当事者性

Aのライフ・ヒストリーは、決して上に述べた事柄だけで形成されているのではない。しかし、Aを取り巻く社会の仕組みと構造から導かれる「同性愛者であること」の重大さを考えると、やはり「セクシュアリティ」という要素は、Aのライフ・ヒストリーに欠かせないものだと言えるだろう。そして、Aの人生の重要な転機の一つに、ボーイズ・ラブ文化が影響していたことは見逃せない。つまり、Aが日本文化に興味をもち、それに精通していたのは、単なる偶然ではなかったのである。それを踏まえ、あらためてAと筆者の出会いを考えたとき、そこにはセクシュアリティ、もっと言えば異性愛規範からの社会的逸脱という二人の位置づけが一つの共通項として浮かび上がってくるのである。

ジェンダーやセクシュアリティを専門に研究をしていると、対象となる人びとだけでなく、（一般的には客観的だと思われている）研究者自身にも当事者性は降ってくる。否、研究者も一人の人間である以上、当事者性から逃れることはできないため、ジェンダーやセクシュアリティを研究していることで、通常であれば見過ごしてしまいがちな当事者性に「出会い」、「気づく」機会が多いと言ったほうが適切だろう。たとえば、以前、ジェンダー研究者と話をしている際に、「女性研究者が多いジェンダー研究では特に筆者のような男性研究者が増えることはよいことだ」と言われ、答えに窮してしまうことがあった。どうして答えに窮してしまったかというと、自らが「男性」研究者とされることに居心地の悪さを覚えたからである。一般的に「男性」と言ったときに、どんな人物を思い浮かべるかを考えてみてもらいたい。筆者は、この研究者の発せられた「男性」のニュアンスのなかには、「異性愛者であること」も当然含まれるだろうと考えたのである。筆者はその意味では典型的な「男性」研究者のなかに自分は果たして含まれているのだろうか、と自問自答してしまった。結果的に、『自ら「男性」研究者とはっきりと言えるだろうか』、そして『そのような「男性」研究者ではない筆者がジェンダーやセクシュアリティを研究することは良くないことなのか』と、その研究者の発言の前提に関する疑問が次々と湧き上がり、その場で考え込んでしまったのだった。

とりわけジェンダーやセクシュアリティを題材に研究を行っていると、もはや研究者自身が無色透明で全く中立な存在などではない、ということに否が応でも気づかされる場面に直面することが多い。セクシュアリティという共通項がAと筆者を引き合わせたという側面を考えれば、筆者の調査地での経験は、研究者である筆者の当事者性を通じて社会や規範といった外部の要因にすでに影響を受けており、この当事者性から逃れることはできないのである。

4　社会的逸脱という共通項

ここまで、「筆者とAを引き付けた要因とはいったい何だったのか」と問うことで、筆者とAとの間には、同性愛者であることによる社会的逸脱という共通項が浮かび上がってくることを書いてきた。しかし、当然のことだが、両者の出会いと関係性の背景にあるのは、共通項だけで簡単に括れるほど単純ではない。ここからは、筆者がそれを特に強く感じた二つの事例を紹介したい。

それは、２０１９年の終わりに、Aのライフ・ヒストリーを、改めてインタビューという形で語ってもらったときであった。Aは、自分がゲイであることを自覚した同時期に、宗教の授業で「ゲイは地獄に落ちる」もので、社会から忌み嫌われる存在であると知ったと言い、Aの葛藤の背景には、自身のセクシュアリティと、それを禁忌とする宗教的価値観との間の齟齬と衝突があったという風に語っていた。セクシュアリティとの関連性は語らなかったものの、彼は宗教的な家庭で育ったにもかかわらず、自身はほとんど無宗教であると答えていたが、語りから推察されるのは、セクシュアリティに関する葛藤が生じるのは、宗教との関わりにおいてなのである。このとき、彼の語りを受けて、筆者はそれでも自分がセクシュアリティを自覚したときに抱いた懸念とはかなり違うことに気がついた。

筆者が自身のセクシュアリティで悩んだのは筆者が17歳から18歳の頃であったが、その最大の懸念は、Aのような宗教的価値観ではなく、「孫の顔を見せられないこと」、つまり、家や血筋の断絶であった。筆者は、「正月には初詣に行き、教会で結婚式を挙げ、仏式で葬式を行う」一方で、どこの宗教コミュニティにも属していない、という日本の典型的な宗教観を体現したような家庭で育った。そのため、当時、宗教的価値観との葛藤は問題にはならなかった。むしろ筆者の懸念は自身が長男であり、女性と結婚ができない、すなわち家庭をもつことができないことに対するものであった。念のため断っておくと、同性愛者であることと、結婚ができないこと、家庭を持てないことはすべて同じではないし、現に結婚をしていたり、家庭を持っている同性愛者は存在する。しかし当時、同性愛や非規範的なセクシュアリティをもつ人びとの生き方の知識が筆者にはなく、異性と結婚をして幸せな家庭を持ち、親に孫の顔を見せることが幸福の形であり、それ以外の幸福の形を探すのは困難であると考えていた。筆者の場合、宗教的価値観による善悪の葛藤ではなく、家父長的な家庭の存続が懸念の中心であり、自分が同性愛者であることよりも、「異性愛者ではないこと」のほうが深刻だったのである。

このように、筆者とAは、ともに10代のころにゲイであるということを自覚するという共通の経験を持ちながらも、それぞれ悩みの原因は異なっており、それを生み出す社会構造や排除のあり方は一様に経験されるわけではない。

5 セクシュアリティの困難、占領の困難

非規範的なセクシュアリティとそれに伴う社会的排除に関して、お互いの経験に違いを感じたのは、このときだけではない。それは、2017年の夏、筆者がイスラエルに滞在をしていたとき、Aが車でヨルダン川西岸地区に連れて行ってくれた帰り道に検問所を通過する際の、車中のことであった。現在、パレスチナ自治政府管轄のヨルダン川西岸地区からイスラエル側の「領内」に入る際、すべての通行者は、イスラエル国防軍の兵士によって管理された検問所を抜けなければならない。無数に建設されたこれらの検問所は、パレスチナ自治区の内側に建設された分離壁の建設以降、主にパレスチナ人の移動を大きく制限してきた。検問所は簡単に通ることができることもあれば、IDを見せるよう要求されたり、トランクのなかの物や車のなかの物を検査されたり、場合によっては没収されることもある。この検問所に差し掛かる少し前に、Aは車をわざわざ路肩に停め、外していたピアスを耳につけなおした。

筆者：どうしてピアスをつけなおしたの？

A：これをつけると検問所を抜けやすいんだよ

（その説明で腑に落ちず）

筆者：どうして？

Ａ：ピアスをつけていると、イスラエル人に見られるか、もしくは信仰心の浅い愚かなゲイのパレスチナ人に見られるんだ。だからピアスをつけていると、検問所を通りやすいんだよ。

彼の発言の背景には、そもそもパレスチナではピアスをしている人はほとんどおらず、パレスチナ社会では身体の改変を伴うボディ・ピアッシングは受け入れられていない、という一般的な了解が存在する。そのため、検問所にいるイスラエル兵にとって、ピアスをつけているAのような人物は、アラブ系の顔立ちをしているけれども世俗的なイスラエル人であるか、もしくはパレスチナ社会になじんでいない、あるいは社会から排除されたパレスチナ人であり、少なくともイスラエルにとって敵となるような、パレスチナの「テロリスト」ではないという印象を与えるようだ。彼の検問所での「ピアスをつける」という行動は、自分がパレスチナ社会からののけ者であることをあえてアピールし、検問所での面倒な手続きや不当な扱いを避けるというある種の視覚的な戦略である。

この話を聞いたとき、筆者は頭の整理がつかず、しばらく黙り込んでしまった。その理由は、まず第一に、筆者の直面する生活の困難およびその折り合いのつけ方と、Aのそれが大きく異なっているという非常に単純な事実に改めて気づかされたからであった。日本で、日本人として生活をしてきた筆者にとって、セクシュアリティを明らかにすることが場合によって有利に働くという、占領によってもたらされる複雑な経験を、それまで体験したり見聞きしたりすることはそれまでなかった。この思いもよらなかった占領がつきつける現実に関するその気づきは、同時に、「ゲイの経験はだいたいこのようなものだろう」という筆者の思い込みが通用しない現実が、厳然と存在することを痛感させることとなった。この思い込みとは、筆者がこれまでセクシュアリティに関する理論や文献を読んできたがゆえに、知らず知らずのうちに前提としていた「理論的」な理解とそこから導かれる「合理的」推論のことだ。Aの生活のなかには、セクシュアリティの困難だけでなく、イスラエルの占領による困難が存在し、それが物理的な移動の際など、生活の至る所で顕在化してくる。セクシュアリティや占領という困難が独立して存在しているのではない。Aが自らのセクシュアリティをほのめかすことによってイスラエル国家による占領の厄介ごとを回避していることに明らかなように、非規範的なセクシュアリティの困難、占領の困難の両者が、複合的に混じりあった形でAはそれらを経験しているのである。この経験は、「ゲイ」としての経験には多様なあり方があるにもかかわらず、自らのなじみのある経験を前提としてしまっていた筆者の決めつけと尊大さに気づかせてくれるよい機会であった。

6　共通性と、その残滓から

筆者の場合、調査地でのAとの出会いによって得られたのは、前半部分で述べたような、共通性と括られうる社会構造の一部とそれへの共感だけではなかった。Aと筆者それぞれの経験の差異、さらに差異という言葉だけでは片づけられない、あるいは言語化できないようなものを気づかせてくれた。それは、言ってしまえば、共通性とその「残滓」だ。その共通性と「残滓」との出会いとは、必ずしも両者がきれいに整理されて経験するわけではない。むしろ、双方が混ざりあい、濁流のように筆者を打ち付け、ときに頭を混乱させる。

そして、この調査地での出会いは、対象の地域のことだけではなく、観察者である研究者自身の当事者性、その政治的・社会的・文化的背景を相対的に浮き彫りにする。それと同時に、「ある地域の人びとはこのような経験をしている」、「ある地域はこのような点で特殊だ」というように、あたかも観察者が絶対的でかつ無色透明な存在で、その観察者が対象を客観的な視点で対象を分析するという前提を覆してくる。そういった意味では、調査地における出会いは、「観察者が対象者のあり方を発見する」という一方通行の関係性ではなく、観察者であったはずの筆者の立ち位置を浮き彫りにし、再確認させるような再帰的な気づきをも含む関係性なのかもしれない。

第6章

近しさへの奮闘[1]——時に不安定なカイロの友人グループ[2]

エイモン・クレイル／翻訳・原　陸郎

フィールドワークとは、人を誘惑することにも似た不確実性に富んだ試みである。フィールドに出る際、フィールドワーカーは現地で行儀よく振る舞えるよう準備する。しかし実際にフィールドに出て適切な振る舞いをすることは容易なことではない。適切な振る舞いとは、他者との関係性をはじめとする非常に状況依存的なものである。フィールドワークにおける他者との関係性がはらむ複雑さと曖昧さを、互酬性や意図といったものと切り離して理解するために、ここでは求愛行動や誘惑といった視点で人間関係を考察することを試みたい。

本章で行う考察は、かつて私が取り組んだ、カイロにおける愛と欲望をテーマに行った調査にもとづくものである。調査で実際に行ったことの一つは、様々な年齢層のエジプト人男性とコーヒーショップで時間をつぶし、彼らの会話に参加することだった。彼らのほとんどは労働者や小規模実業家、もしくは国立大学・高校の学生だった。私は長い時間をコーヒーショップで過ごし、彼らが愛を経験する方法や、性的なパートナーを探し出す苦労について理解しようとした。調査では長い時間をかけて、彼らが私に心を開き、愛や性的出会いを形づくる彼らの望み、欲求、苦労について話し始めるのを待った。しかし、この目的を阻む主要な原因となったのが、私の内気さだった。議論を遮り、彼らの個人的な望みや痛みについて尋ねることは非常に難しかった。とはいえ、その後すぐに気が付くことになるのだが、私たちの会話にも愛と欲望が存在しないわけではなかった。それは、私が予期していたものとは違った形で存在していたのである。

確かに、彼らは頻繁に愛と性についても話していたのだが、そのやり方は、心理学者や性科学者が行うものとはかけ離れていた。一例を挙げれば、彼らと過ごした多くの晩には、女性絡みの大胆な冒険などについての話が数多く語られていた。彼らの相手となった女性は、売春婦である場合がほとんどだったが、ときには既婚女性のこともあり、語り手は、女性を惹きつけた彼らのトリックや、征服した女性の美しさ、ベッドの上での自分の腕前について自慢した。これらの物語の目的は、私が思うに、そのほとんどが聞き手に楽しみを提供することにあった。人びとは、語り手に感服していたためにそうした話に耳を傾けていたわけではないようだった。というのも、それらの語りは一般的に検証不可能で、中には起こりそうもないものも含まれていたからである。むしろ彼らは、単におもしろいから聞いているといった風情だった。そうした話には異国趣味も登場した。とりわけ、ヨーロッパや湾岸諸国といったエジプト人移住労働者の二大移住先を舞台とした物語の場合はそうだった。今まさに試練のなかにある主人公が直面する危機的な状況、勇気、決断力と手練れの才能、またしばしば現れる欺きの要素、素晴らしい報酬、これらのものすべてが盛り込まれ、話に花を添えていた。

しかし、セクシュアリティを語る上での最も一般的な方法は、互いの欠点をあげつらってふざけることだった。愉快な言い争いは、私たちが過ごした晩の愉しみの一部だった。私の調査対象者たちは、どちらがより上手く相手の特徴を表現できるか競い合うことがあったが、それらは一見すると非常に悪意のある侮蔑表現のように聞こえるのだった。特にボードゲームやカードゲームの最中には、絶え間なく挑発的な言葉が飛び交っていた。そのため、彼らの横に座った友人たちが、実際のゲームと同じくらいにその状況の方を楽しんでいる、という事態は珍しくなかった。さらに、娯楽である以上に、からかいは友情を表現する重要な手段だった。互いの違いをめぐるルールをあえて一切無視することで、こうしたやりとりで逆に強調されたのは、親密さと親しさであり、その強調により、互いに感情を隠す必要はなくなるのだった。それゆえ、無礼な態度をとることは、私が頻繁に訪れていた集団における、友情のアジュバント（補助剤）となっていた。それは、言わば「無礼である義務」（Radcliffe-Brown 1940: 198）に該当するもので、人びとが一緒に時間をすごす愉快な仲間の一人として誰かを見做すために必要なものだった。

私の問題は、そうした攻撃的な冗談を私がとりわけ苦手にしていたことだった。フランスのバー（ビストロ）での会話という類似の文脈を解説しながら、ピエール・ブルデューは会話に参加する際に必要な熟練度に注目し、以下のように主張した。

この場に馴染みのないひとは、ビストロの客の雄弁な語りを奔放な弁舌の冴えのように捉えるだろうが、実のところこれはこの類のものとしては、アカデミックな会合における即興の演説と同程度に自由なものであるに過ぎない。この種の雄弁は、演説が生み出す効果の追求や、聴衆とその反応への注意、聴衆の好意や共感を得るための修辞的技巧などを無視したりはしないのだ。この雄弁は、すでに実験済みの相違や表現のパターンを支えとしているが、こうしたパターンを熟知していない人びとに、分析の繊細さ、心理学的、政治学的明断さの目覚ましい発言に立ち会っているかの感情を与えるのである。
（Bourdieu 1983: 10　市川訳 2015: 46-47）

私は経験においても、その前提となる関係性においても、エジプト人の友人とこの種の冗談に十分に参加するための資質を欠いていたため、そこにうまく参加するために奮闘しなければならなかった。そのため、私はしばしば黙ったままでいた。私がそこにいることは依然として歓迎されており、西洋からきた外国人としての私の異国情緒は、私のぎこちなさをよそに、私がそこにいることをどうにか愉快なものにする上でおそらく大いに役立っていた。さらに、よそ者であることは、彼らがこれらの遊びに従事する際に、彼らに対して私が示したぎこちなさを、社会的距離というよりも文化の違いとして説明したのだった。

私の調査対象者のなかでも、全員が等しくこの種のからかい合いに優れていたわけではなかった。親密さを生み出すやり方は他にもあった。調査対象者のなかには、愉快なからかいはそれほど得意とはしないながら、愛や性に関する苦難や疑念について時々告白し始める者が数名いた。彼らは通常そうした告白を一対一のやり取りのなか、もしくは長い付き合いの少人数の友人集団で行った。そのような会話は特に面白くないものだと考えられていた。集団、特に既婚男性の間で実践的共謀を生み出すもう一つのやり方は、性的関係を強化する方法についてのアドバイスを交換することだった。精力剤／催淫剤とされる効能薬や食品、たとえばナツメグや海鮮食品、あるいは空豆などの情報が交換された。彼らは親密性構築においては、一人の人物でありながら、気分や環境に応じて、異なるやり方を使い分けることができていた。

こうした会話に参加することによって、ぎこちなさを覚えつつではあったが、私はカイロにおける愛と欲望がもつ重要な側面に気づくことができた。この気づきによって、私は、愛と欲望について語る方法に対して、経験そのもの――それについて知ることは困難だった――に対する以上の関心を向けることになった。私にとってリアルなものとは、会話のなかで私に語られたことだった。カイロでの感情的および性的な出会いから得た様々な描写のなかで、ある語りを他の語りよりも優先する理由はなかった。あまりにも頻繁に、これらの話題について話す告白的な様式は希望、疑念、悩みに焦点を当て、社会的外見に対照的な個人的経験のより深層な表現であるかのように研究者たちによって混同されている。しかし、そのような話し方が、友情のより不可知論的な表現以上に、自己認識に大きな影響を及ぼすものであると信じる理由はない。これはちょうど、私が最初に頭を悩ませた現実の類である。したがって、私の見解では、愉快な会話を、男性的主体が抱える多面性を理解する際に十全に検討することは、家族のなかでよい父や夫であること、モスクや教会で良き信徒となることへの探求に並び、最重要事項なのである（Kreil 2016）。

1　攻撃的な礼儀正しさ

この状況を念頭に置けば、敬意の意味がもつ状況依存性について、さらなる考察を重ねることの重要性が見えてくる。民族誌的出会いの理想化されたモデルがしばしば礼儀を称揚し、それが逆説的に相互理解の欠如を導き出すことについても同様である。数多くの論稿において、フィールドワークに関連した類似の不安感が説明されてきた。アラブ諸国では、初期の例として、ラビノウによる、セフルーでのフィールドワークにおける、適当な調査対象者を見つけることの困難についての描写がある（Rabinow 1977）。調査者がテキストであるかのようなモロッコ社会の、その深層に徐々に分け入っていく、という感覚には疑義が呈される可能性があるとはいえ、彼の研究は、後続の研究者たちがフィールドワーク中になんとか築いた関係性について、より率直に議論することを可能にした。たとえばモロッコを対象とするマシュー・キャリーとエジプトを対象にしたリサ・ウィンは、調査中での人間関係維持という課題に対する回答方法をそれぞれ議論している（Carey 2012; Wynn 2018）。

実際のところ、民族誌的フィールドワークにおいては、関係性が重要な役割を担っている。関係性は感情や態度という大きなパレット（嗜好性）によって変化する。たとえば、使命感、礼儀正しい距離、告白の共有やからかいを通じて形成される近接性、誘惑、そしてまた敵意、怪奇で不条理な心情、羞恥などは、他の多くの事柄同様、研究者と調査対象者の出会いがどのように展開するかを決定している。これらすべての関係性の様式は、登場人物の間で交わされる多様な近接性と距離にかかわるラポール（rapport、信頼関係）を通じて、エスノグラフィーの一部となり得るのである。

したがって、フィールドワーク中に行儀よく振る舞うこととは、そう簡単なものではない。実際、何が適切な振る舞いと見做されるかは、国や社会的環境、状況に応じて異なっている。信頼と共感は、共有された政治的取り決めや、研究者による対象者の苦しみへの没入のもとにのみ得られるものではない。このような形でのコミットメントがもつ発見的で政治的な可能性を否定する必要はない。ただし私は、フィールドワークにおける出会いに関連する、より広範な感情に関心を向けることが重要だと考えている。これは、違いに対する感情的関与のダイナミクスと、それらが知識生産に対していかに影響を与えているのか、この点をよりよく理解する上で重要である。民族誌的出会いの鍵となる要素の一つは、既に述べた通り、それが、研究者に自分が考える適切さという感覚に再評価を迫る、まさにその方法にある。それは、研究者が、正しい行動とは何かを判断する別の基準をもつ人びとと、生活をともにすることに付随する不快感への対処において経験させせられるのである。

人類学と社会学は、適切であると人びとに見做されるものがもつ多様性を議論するためのいくつかの道具を私たちに提供してくれる。その方法は、一般規則としてすべての文脈で他者の「顔」を守ることの重要性を語ろうとする、アーヴィング・ゴッフマンの業績の系統と考えられるものから、礼儀正しさとしての様々な文化的行為を作り出す文化コードを解読しようとする、たとえばピーター・バークの研究まで様々である（Goffman 2008; Burke 1999）。上で引用したラドクリフ＝ブラウンの「冗談関係（joking relationships）」に関する本文から、宮廷礼儀作法に関するノルベルト・エリアスの考察や、より最近の日本における礼儀正しさについての著作など（Radcliffe-Brown 1940; Elias 1969; Hamabata 1986; Hendry 1989; Lagane 2008）、適切な振る舞いがもつ可変性は豊富に記録され、有力な理論の基礎を築いてきた。しかしそれらのほとんどは、そこで提示される知見をフィールドワークの実践においてどのように我々は翻訳すべきかという問題に対し、答えを提示するものではない。

この点において、礼儀正しさの「規範」のような、法のたとえを持ち出すことは誤解を生じさせるものであろう。人びとが相互に期待する規則性を見出すことが可能な場合であったとしても、格言や諺は行為を真に説明しない。人びとが適切な振る舞いであると見做すものには、首尾一貫性と体系性が欠けているのである。それは実践の範疇であり、このように、それ自体、既成のルールに依拠したいという願望よりも、自分の立場を守るための意識的もしくは無意識の戦略的動きに依存しているのである（Bourdieu 1972）。

適切な振る舞いを実践の範疇として考えることとは、正しい振る舞いにかかわるややブルジョワ的な理解、すなわち、正しい振る舞いとは、予め設定された礼儀が、言語の取り締まりに依拠した形で、他者への思いやりの証左として行われるという、この考え方そのものを議論の俎上に載せるものである。友情の文脈では、カイロでの私の調査対象者にとってこうした考え方が実情を全く反映するものではなかったことは、先述の通りである。そのような正しい振る舞いにかかわる理解はまた、エスノグラフィーが何かを探求する際、彼・彼女と対象者とのギブアンドテイクの論理にもとづく契約合意を重視するモデルの弱体化を引き起こす。一番初めから、交換において問題となっているのは、合理的予則を超えたものである。それゆえ、互酬的義務と（ほとんど象徴的な）報復を導き出す取引モデルを克服することは、人間の出会いの不安定性と不確定性を反映した、より現実的なモデルを精緻化するための重要なステップなのである。

したがって、もし調査対象者との間に適度な距離感を築きたいのであれば、私の見解では、民族誌研究のレアルポリティーク（現実政治）を発展させることが重要である。この目的のためには、彼らの立場の一部に反対している場合でも、彼らとともに考えることができる必要がある（Leavitt 1996）。これは彼らの苦境を共有することと同じではない。むしろともに考えるということは、フィールドワーク調査によってもたらされた影響を真剣に考慮することを意味しているのである。

2　近しさへの奮闘

それゆえ、フィールドワーク中のエスノグラファーと調査対象者との関係を、求愛行動——相手の歓心を買うこと、という広義の意味において——の一つとして分析することを私は提案する。相手を支配しようとする計画全体を全面的に否定することはできないにしても、求愛行動はそのダイナミクスによって、こうした計画を一時的にでも無効にし、上下関係を逆転させ、不確実なものや暗示的なものに強力な役割を演じさせるのである。先述したように、交渉という功利主義を前提とした概念は、エスノグラフィーの実践において現実に存在するものを超えて、意識的な計算を想起させるものである。こうした交渉という概念から自由になり、求愛行動を通じて調査対象者に接することは、研究者の恣意的な意図をできるだけ排除することによって、フィールドワークの背後で繰り広げられるプロセスを開放的に理解することを可能にするであろう。この求愛行動という方法はまた、フィールド調査における共感という問題の再考を促すものである。これまでの方法論をめぐる議論におけるおなじみのハンドブック的な図式化という硬直状態から自由になり、調査対象者との民族誌的出会いを、人間相互の関係として捉え、その複雑さと曖昧さを全て含んだままで提示することが可能になるだろう。

ジャンヌ・ファヴレ＝サアダはまた、ノルマンディーにおける邪術の研究についてのインタビューで、このような交渉と求愛行動という二つの調査方法の違いについて以下のように語っている。

> 民族学者は、自分の価値観の拠り所から離れて、その場に暮らす人びとに自らの身を置くべき場所をどこにするのかを任せるものである。そこは、民族学者や研究者が考えるような研究上意味のある外観は持たない、平凡なごく当たり前の場所であろう。しかしそれは、本来の彼がそこに身を置いて愛情関係を築くことができる場所なのである。自らについての予断を排し、周囲に従い、ある場所に自身を移動させること、自分自身を別の場所に動かすことができれば、同じことが起こるのである。(Favret-Saada and Isnart 2008)

このように考えるなら、調査対象者との関係について自分の計画通りに処理することができる全能の研究者という幻想は消散する。調査において求愛行動をとる場合の「誘惑」という行為には主体が関わってはいるが、それは熟達の研究者にとっても不確実な試みであり、烈しい拒絶に会う可能性も十分にありうるのである。このように、「誘惑」という視座は出会いのなかで展開される権力のダイナミクスの格好の描写を提供する。そこでは支配的とされるものが必ずしも優位に立つとは限らない。

さらに、こうした方法でエスノグラフィーを考えることは、フィールドワークにおいて生ずる情動に、より多くの関心を向けることを促すものである。すなわち、それは調査における関係がしばしば引き出す両義的な感情を重視することなのである。誘惑者としての研究者は、自らの目的を自覚しながら、調査対象者との違いを認識する一方で、彼らの恣意的な態度に晒されることになる。その結果、誘惑者である研究者は関係性を構築するに際して、接近したり、つれない態度をとったりする恋愛遊戯にも似たプレイを することに、常に意識的である必要がある。まさにこうした行為において他者に対して自らを同一化させていく可能性が絶えず開かれている。しかし、この目的はなかなか手が届かないものであり、フラストレーションを生み出すのだが、それこそが研究を前進させる創造的なエネルギーにもなっている。だが、愛から憎しみへ、またその逆へと、出会いが情熱的になるにつれ関係性は不安定になる。これにより、あまり公言されてはいないが、フィールドワーク中に不安定な精神状態になることは決して珍しくない。

3 結論

カイロでの研究のために私が現地でともに時間を過ごした男性たちとの関係は、親密さと友情について抱いていた自分の思い込みを疑うことを教えてくれた。彼らとともに、私は自分の社交術の限界を発見した。この限界は、親密な絆の形成にかかわる私の理解の状況依存的性格を、よりよく理解することを可能にしてくれた。そこに気が付く上で、調査対象者たちが行うからかい合いに参加しようと苛立ちながら重ねた私の努力は重要な役割を果たした。また、調査対象者との関係は平和的調和のもとになければならないと説明する、近年の人類学的文献にみられる様式を再評価すべく私を駆り立てもした。学術的議論で言われてきたのとは逆に、私がともに過ごした時間の多くは誤解や不適応によって形作られていた。しかしそれが幾人かとの長期的な友情の構築を妨げることはなかったのである。

この短文で、民族誌的出会いの複雑さのすべてを解明できたと言うつもりはない。しかし、調査中に関係性を扱う方法について考察する上での、誘惑という戦略を用いたフィールドワーク構想の利点を提示することはできたのではないかと思う。他人を知りたいという欲求には、認識の主要要素としての潜在的な虐待が伴われている（Foucault 1980）。誘惑を批判しようとするならば、誘惑は欺瞞と操作の一形態であると言えるだろう。冷笑的な誘惑者は文学中に溢れている（Laxenaire 2004）。しかし、ピエール・ショデルロ・ド・ラクロの「ヴァルモン」（1782）やアルトゥール・シュニッツラーの「カサノヴァ」（1919）のように、これらの有名な人物はしばしば自らの仕掛けた罠に嵌り、彼らが操作しようとしていた関係性は、それ自体が動き始め、最終的には登場人物が望まない道を辿るものである。誘惑とは、実際には征服などではなく、出会いの状況を設定するものなのである。

【注】

1　英文タイトルは、A Group of Good if Sometimes Uneasy Friends:The Strive for Closeness During a Fieldwork in Cairo.

2　この原稿は、Negotiating Gender and Other Identities: Research, Researchers and Respondents（オーフス大学、2019年11月11―12日）で発表した内容を加筆・修正したものである。本稿で扱った議論は、フィールドワークにかかわる議題について鳥山純子やダリラ・ゴドバンと交わした啓発的なやり取りや、会議の参加者からの刺激的なフィードバックに多大な恩恵を受けたものである。この場を借りてすべての方々に謝辞を記す。

【参考文献】

Bourdieu, Pierre. 1972. *Esquisse d'une théorie de la pratique; précédé de Trois études d'ethnologie kabyle, Travaux de droit, d'économie, de sociologie et de sciences politiques.* Genève: Droz.

———. 1983. “Vous avez dit ‘populaire’?” *Actes de la Recherche en Sciences Sociales*: 98-105.（市川崇訳（２０１５）「『大衆的（人民の）』と言ったのですか?」『人民とは何か?』以文社、23-51.）

Burke, Peter. 1999. “Les languages de la politesse.” *Terrain (33)*: 111-126.

Carey, Matthew. 2012. “The Rules’ in Morocco?: Pragmatic Approaches to Flirtation and Lying.” *HAU: Journal of Ethnographic Theory* 2 (2): 188-204.

Elias, Norbert. 1969. *Über den Prozess der Zivilisation: Soziogenetische und psychogenetische Untersuchungen.* Bern and München: Francke.

Favret-Saada, Jeanne and Cyril Isnart. 2008. “En marge du dossier sur l'empathie.” *Journal des anthropologues* (114-115). Retrieved from (https://journals.openedition.org/jda/323) Accessed 06. 11. 2019.

Foucault, Michel. 1980. *La volonté de savoir.* Paris: Gallimard.（渡辺守章訳（1976）『知への意志　性の歴史Ⅰ』新潮社）

Goffman, Erving. 2008. *Interaction ritual: Essays in Face-to-Face Behaviour*. New Brunswick: Aldine Transaction.

Hamabata, Matthews Masayuki. 1986. “Ethnographic Boundaries: Culture, Class, and Sexuality in Tokyo.” *Qualitative Sociology* 9 (4): 354-371.

Hendry, Joy. 1989. “To Wrap or Not to Wrap: Politeness and Penetration in Ethnographic Inquiry.” *Man* 24 (4): 620-635.

Kreil, Aymon. 2016. “Territories of Desire: A Geography of Competing Intimacies in Cairo.” *Journal of Middle East Women's Studies* 12 (2): 166-180.

Laclos, Choderlos de. 1782. *Les liaisons dangereuses, ou lettres recueillies dans une société et publiées pour l’instruction de quelques autres.* Paris: Durand neveu.

Lagane, Jean. 2008. "Omoiyari, vers une compréhension du concept d'empathie au Japon." *Journal des anthropologues* (114-115): 163-183.

Laxenaire, Michel. 2004. "La séduction dans la littérature." *Dialogue* 164 (2): 3-12.

Leavitt, John. 1996. "Meaning and Feeling in the Anthropology of Emotions." *American Ethnologist* 23 (3): 514-539.

Rabinow, Paul. 1977. *Reflections on Fieldwork in Morocco*. Berkeley and Los Angeles: University of California Press.（井上順孝訳（1980）『異文化の理解』岩波現代選書、岩波書店）

Radcliffe-Brown, A. R. 1940. "On Joking Relationships." *Africa* 13 (3): 195-210.

Schnitzler, Arthur. 1919. *Casanovas Heimfahrt*. Berlin: S. Fischer.

Wynn, Lisa Lorraine. 2018. *Love, Sex, and Desire in Modern Egypt: Navigating the Margins of Respectability*. Austin: University of Texas Press.

第Ⅱ部

関係がゆらぐ／に悩む

第7章

気まずい、と感じること
——パキスタンでの経験から

賀川恵理香

海外調査を行うにあたっては、まず現地の規範や慣習について学び、それに基づいて行動することが求められる。しかし、実際に現地に赴くと、調査者にとっての「適切な」行動様式は、調査者の年齢や立場、そしてその場の状況や対峙する人物に応じて大きく異なっていることに気付く。本章では、パキスタンにおいてフィールドワークを行う20代の日本人女性としての筆者が、現地でどのようなことを感じ、経験してきたのかを記述したい。

2020年5月現在、私は博士論文執筆を目的とした調査のため、パキスタン・パンジャーブ州の農村に滞在中である。私は、パルダと呼ばれるインド、パキスタン、バングラデシュなどの南アジア地域に広く存在する性別規範について研究している。パルダは、男女の生活空間を分離することによって、または女性が自らの身体を覆うことによって実践される（Papanek 1973）。

パルダは北インドのヒンドゥー社会においても実践されているが（中谷 1995）、イスラーム教徒が人口の96％以上を占めるパキスタンにおいては、イスラーム的価値観と結び付けて意義づけられることが多い。たとえば、バスなどの公共交通機関においては、男性席と女性席が分けて設置され、男性も女性も基本的に肌が露出しない格好をしている（男性であっても半ズボンを穿くことはあまり歓迎されない）。女性の場合は特に、髪の毛や胸元など、男性よりも覆うべきであるとされる箇所が多い。しかし、このようなパルダにまつわる行動規範、服装規範は当然一枚岩的なものではなく、場所や状況、行為者の年齢や立場によって大きく変わりうるものである。さらに、行為者の立場とは、誰を目の前にするかに応じて大きく異なる。

これまで私は、20代の（未婚の）外国人女性かつ学生としての自分に期待される装いや振る舞いの方法を、その場その場で模索してきた。たとえば、食事の作法、相手に応じた挨拶の仕方、年長者への言葉遣いなど、様々な点において現地の慣習や規範を脅かさないよう気を付けてきた。周囲からの期待を感じつつ、それをうまく実行できず気まずい思いをすることもあったし、期待をうまく汲んだ行動をして褒められることもあった。しかし、いずれの場合においても、周囲の期待を感じると、なぜだかとても落ち着かず、焦りや戸惑いを掻き立てられた。以下では、1、学部時代のパキスタン留学、2、大学院入学後のフィールドワーク、そして3、現在の農村調査という三つの期間に分けて、パキスタン生活を通しての私の感覚の変化について記述したい。

1　作法を学ぶ

私が初めてパキスタンに長期で滞在したのは、学部4年次に、1年間現地の大学に留学したときであった。留学時は、大学でパキスタンの国語であるウルドゥー語を学ぶ一方で、大学内の女子寮においてパキスタン人学生とともに生活し、彼女たちから現地の規範や慣習について学んでいた。年の近さも手伝って、彼女たちは私の言動に関してとても率直な意見をくれた。寮のなかであっても半ズボンを穿くのはふさわしくない（脚を露出することに忌避観念があるため）、サンダルを干すときにつま先を上に向けてはいけない（上、すなわち天にアッラーがいるから）、食事中は食べるときも水を飲むときも右手を用い、むやみやたらに話すべきではない、アザーン（礼拝の時刻を知らせる呼びかけ、1日に5回流れる）が流れたら体を起こして頭を覆わなくてはならない、両親について話すときには尊敬語を使うべきである、など、彼女たちは生活のあらゆるレヴェルにおける「決まり事」を教えてくれた。

私にとっての寮生活は、現地で暮らすためのノウハウを学んでいく過程であった。留学初期に、年下の女子学生から「あなたは赤ん坊のようなものよ。だって言葉も知らなければ、ここで生きていく術も知らないんだから」と言われたときにはさすがに腹が立ったが、このような認識こそが、彼女たちの私への「教育」を可能にしたのであろう。

彼女たちのおかげで、現地生活を送るうえで自分に求められる振る舞いや装いの手段を少しずつだが把握することができた。だからといって、自分の行動のすべてを彼女たちのやり方に合わせていたわけではない。依然として、大学へは彼女たちに男の子っぽいと評されたリュックを背負って行っていたし（2015年当時は現地の女子大生の間で肩掛けかばんは女の持ち物、リュックは男の持ち物、という認識が一般的だったが、2020年現在はリュックを背負う女子学生も多い）、歩く距離じゃないと言われていた寮から大学の学部棟の間を、夏も冬も毎日一人で歩いて通っていた（大体徒歩25分ほどの距離で、女子学生たちは大体リキシャーと呼ばれる三輪簡易タクシーや、大学のバスを利用していた）。むしろ私が気を遣っていたのは、彼女たちにとって規範的な重要性を帯びた事柄に対してであった。

普段から私は、パキスタンの民族衣装であるシャルワール・カミーズを着て生活していた。シャルワール・カミーズは、腰部分にスリットが入ったひざ丈の長そでシャツ（カミーズ）に、ゆったりとした長ズボン（シャルワール）、そしてドゥパッターと呼ばれる大判ストールの3点から構成される（男性用のシャルワール・カミーズはシャツとズボンの2点セットである）。着慣れない最初のころは、カミーズの裾がひらひらしてうっとうしく思ったり（スリットが入っているため裾の扱いが難しい）、トイレに入ったときにドゥパッターを外してそのまま忘れて来たりした（トイレは基本和式のため、ドゥパッターを外さないと汚れてしまうのだ）。それでも、前述の「寮のなかでも半ズボンはよくない」という指摘に倣って、部屋着用のシャルワール・カミーズを仕立ててもらって寮のなかでもそれを着ていた。

　寮のなかでは、ドゥパッターをまとわず過ごすことも多かったが、男性従業員のいる寮内の食堂やショップへ行くときや、寮の外へ行くときには必ずドゥパッターをまとうようにした。ドゥパッターのまとい方には様々な方法が存在するが、私は基本的に二つ折りしたドゥパッターの、輪の方を胸元に、端の方を背中側にたらすようにして（写真1）まとっていた。すなわち普段から頭は覆っておらず、アザーンが流れたときやモスク等の宗教的な施設に入るときに、必要に応じて頭を覆うようにしていた（写真2）。

写真1　シャルワール・カミーズを着て、ドゥパッターで胸元を覆った姿の筆者。
（2017年8月、ラーホール市内の大学にて筆者知人撮影）

　あるとき、友人たちとともに大学構内を歩いていると、アザーンが流れはじめた。私はいつものようにドゥパッターの端っこの部分をする

写真2　シャルワール・カミーズを着て、ドゥパッターで頭を覆った姿の筆者。
(2017年8月、ラーホール市内のモスクにて筆者知人撮影)

りと頭に載せて、「頭を覆っている」状態を作り出した。すると、それを見た友人男性が、「あなたはムスリムじゃないんだから、頭を覆う必要はない。そんなことをするな」と言って、私が頭を覆うのを止めた。普段から女子学生とともに暮らしていた私は、アザーンが流れたときには必ず頭を覆っていたため、そのときは非常に戸惑ったことを覚えている。そもそも「頭を覆う」という行為は、パキスタンに来てから学び、習得したものであり、あくまでも「彼女たちのやり方を模倣している」という意識があった。「頭を覆う」という行為では、ムスリムではない自分のなかに今一つ根拠を見出すことができず、負い目のようなものも感じていた。だからこそ、現地の男性から「頭を覆うな」と言われたことは、行為の正当性を真っ向から否定されたような気がして、「頭を覆え」と注意されることよりもはるかに恥ずかしいことであった。

　それ以来、アザーンが流れるときには妙な緊張感を覚えるようになった。アザーンが流れたときに、同行者のなかに女性がいれば、彼女が頭を覆うかどうかを見て、それに合わせる。男性しかいなければ、その人がどのようなスタンスの人なのかを見て、考えて、ときには直接尋ねて、頭を覆うかどうかを決める。このような反復行動を通して、私のなかではやがて、アザーンいかんに問わず、その場で対面している人物に応じて、自分に期待される振る舞いや装いの方法を調節するべきであるという意識が醸成されていった。そしてその意識は徐々に自分のなかで育っていき、たとえばイスラーム学の先生に指導を受ける際に頭を覆う、などその都度状況に応じた行動をとるようになった。

2　気まずい、と感じる

1年間の留学生活を終えて、私は大学院に進んだ。修士課程の間は調査対象者を女子大生に限定したうえでパキスタン第2の都市であるラーホールにある公立大学の女子寮に2カ月間滞在し、パルダに関するインタビューを実施した。すると女子寮に滞在中、周囲の女子学生の私に対する態度が、以前とは異なっていることに気が付いた。前回の留学のときとは違い、言語を学びに来た大学生ではなく、言語をある程度習得したうえで、かつパルダに関するリサーチに来ている大学院生という立場であったためか、人から振る舞いや装いについて意見をされることが少なくなったのである。さらに、ほとんど大学の外に出ることのなかった留学時に比べて、女子学生とともに大学の外へ食事や買い物へ行ったり、地方に住んでいる友人に会いに行ったりと、多様な場に足を運ぶ機会が増えた。そのため、状況に応じた適切な装いや振る舞いの方法を自ら考えて実践することが必要となり、同時に自らの行動の妥当性について悩むことも多くなった。

修士2年目の夏にパキスタンへ行った際、一人で長距離バスに乗る機会があった。長距離バスの待合室に入ると、10畳くらいのスペースにソファ席とベンチ席が目に入った。ソファ席の方にはテレビがあって、冷房もよく効いていたため、ソファ席の方に腰掛けることにした。程なくして、自分の周りに男性しか座っていないことに気付いた。向こうのベンチ席を見ると、女性を含む家族が座っている。ソファ席がマルダーナー（男性用の空間）、ベンチ席がザナーナー（女性用の空間）だったのだ。すぐに席を移ることも考えたが、しばらくそのままマルダーナーに居座っていた。しかし、周りの男性たちにジロジロと見られることによって居心地の悪さを感じて、やはりザナーナーに移ることにした。

そのとき、私はドゥパッターで頭を覆っておらず、しかもサングラスもかけていなかった。そのため、見た目ですぐ「外国人」であるとわかったはずである。よって、男性たちにジロジロと見られているように感じたのは、もしかすると単に私の顔立ちや身なりが物珍しかったからかもしれない。実際にパキスタンにおいて、外国人としての見た目を理由に遠慮のない視線を受けることはよくある。でもそのときの私には、自分が場のジェンダー規範を侵してしまっているがゆえに視線を集めているのだと感じられ、恥ずかしいような気まずいような気持ちが込み上げてきた。

直接的に誰かに何かを言われたわけではないが、気まずさを感じた出来事は他にもある。現地の友人O（20代、女性、既婚）のオバ（母親の姉妹）の手術後のお見舞いに行ったときのことである。Oのオバとは直接面識はなかったが、一人でお見舞いに行くというOに付き添う形で病院へ行くことになった。我々が病院へ到着したとき、オバはまだ病室へ戻っておらず、病室にはオバの兄弟夫婦や親戚たちがいた。病室へ入った我々は、親戚たちに挨拶をしてその場に腰かけた。普段街へ出るときには頭を覆わないOも、その場ではきちんとドゥパッターで頭を覆っていて、十分気を遣って親戚たちと話しているように見えた。

病室へ向かう前に、私も頭を覆った方がいいかとOに確認したが、Oは「いい、いい。」と言って笑った。よって私はいつものように頭を覆わずにその場に座っていたのだが、それがなんとも居心地の悪い経験であった。というのも、とても宗教的な人物であると聞いていたOのオジ（母親の兄弟）が、タスビー（数珠、祈りの句を唱えた回数を数えるために使う）を片手で繰りながら、その場に座っていたからである。それを見て、頭を覆っていない自分はひどく場に不相応な存在のように思われた。なぜなら、私には留学中の経験から、宗教的な人物の前では尊敬の意味を込めて頭を覆うべきだという意識が根付いていたからである。きっと、礼儀を知らないやつだと思われているに違いない、と焦る一方で、最初に頭を覆わなかった以上今更覆うのもおかしいし、どうしよう、と頭のなかでぐるぐると考えてしまって、全く落ち着かなかった。

以上の二つの気まずさはその種類が異なっていた。一つ目の事例においては、空間的なジェンダー規範を侵したという点において恥ずかしい思いをしたのに対し、二つ目の事例においては、宗教的な人物を目の前にして頭を覆わなかったという点において居心地の悪い思いをした。さらに、前者においては周囲の不特定の他者の視線を感じたのに対し、後者においては特定の他者の存在によって自らの振る舞いの妥当性が揺るがされた。このように、その時々に応じて、気まずさの種類や内容は異なっているようである。

ここまでは、自らの装いや振る舞いの方法と、周囲から期待されている（と私が感じる）方法にズレがあることを実感した場合における気まずさを描いてきた。では、現地での振る舞いのルールに慣れて、周囲からの期待を汲んで行動することができるようになったら、その気まずさは解消されていくのであろうか。最後に現在の農村調査について記述する。

3　気まずさと付き合う

博士課程に進学してから、調査のフィールドを都市部から農村部へと移すことにした。農村では、空き家の一室（庭付き）を借りて生活しているため、自分一人だけの居住空間が確保されている。よって、自宅ではTシャツなどで過ごしているが、外に出るときには必ずシャルワール・カミーズに着替えて、ドゥ

写真3　シャルワール・カミーズを着て、チャーダルで頭を覆った姿の筆者。
着用しているシャルワールとカミーズは写真1・写真2と同じであるが、ドゥパッターの代わりにチャーダルを着用している。
（2020年9月、村内の筆者宅前にて筆者知人撮影）

パッターで頭から胸あたりまでを覆うか（写真2）、チャーダル（ドゥパッターよりも大きな布）で頭から膝あたりまでを覆うようにしている（写真3）。よく見知った人の家では、ドゥパッターやチャーダルを外すこともあるが、基本的には村で生活する女性たちと同じように、外出時は身体全体を覆うように心がけている。

私がしっかりと身体を覆って外出していることは、村の女性達から好意的に受け取られることが多い。そのせいか、装いに関して「こうしなさい」や「こうしたほうがいい」と意見されることはとても少なく、むしろ褒められることのほうが多くなった。調査を進めるうえで、現地の女性達に好感を抱いてもらうことは非常に重要であるため、こうした反応を得られることは調査上有利に働くものであった。

こちらで生活するようになってしばらくしたある日、いつもお世話になっているS（40代、既婚女性）宅でSの姪を交えて話をしていたときのことである。Sの姪が「日本ではどんな服を着ているの？」と私に尋ねた。私が「日本では短いシャツにズボンを合わせたり、素足でスカートをはいたりしているよ」と答えると、Sが「エリカは日本では日本の服を着ているけれど、ここ（村）ではシャルワール・カミーズを着て、ドゥパッターやチャーダルで身体を覆っている。私はそれを好ましく思っている」と言った。Sはその後も何度か私の装いの方法を褒めるような発言をした。「日本では日本の服装を着ればいい。でもこちらでは、シャルワール・カミーズこそがふさわしい」と。

このとき以外にも、何人かの女性に私の装いに対して好意的な意見を述べてもらったことがある。そのうちの一人が、私が借りている空き家の所有者であるM（30代、既婚男性）の姉U（40代、既婚）だった。あるとき、村から車で30分ほど離れた町にあるMの自宅で、Mの妻（30代）とU、その親戚女性たちと話をしていた。その場には女性しかいなかったため、私はドゥパッターを身に着けていなかった。途中、Mが家に入ってくるのを見て、私は奥の部屋においてあったチャーダルを取りに行って、それで身体を覆った。その後Mが再び部屋を出て行くと、Uが「エリカはよくわかっているね。Mが家に入ってきたらチャーダルで身体を覆ったんだから」と述べた。Uは別の機会においても、「お前はもうパキスタン人だよ。頭から落ちそうなドゥパッターを直す仕草なんか、パキスタン人女性そのものだよ」と発言した。

このように自らの装いや振舞いの方法を評価されることは、目の前の人の期待を汲むことができた事例であって、これまで幾度となく「失敗」を繰り返してきた私にとってはとても喜ばしいことであるはずである。実際このような発言をされたときには、嬉しい気持ちと、照れくさい気持ちが混ざり合って押し寄せてくる。しかし、それと同時に、そこには後ろめたい気持ちもある。なぜなら、私にとって頭や身体を覆うという行為は依然として「彼女たちのもの」であって、私はそれをわかっていて人びとの好感を得るためにわざとやっている、という打算的な思いを自分のなかに認めるからだ。褒められるのはうれしいけど、それと同時に後ろめたい。こうした悶々した気持ちを抱えていたとき、私にとって驚くべき出来事が起こった。

私の家の玄関には網戸がついており、その網戸は扉を閉めると自動的に鍵がかかるようになっている。ある日、庭掃除をしようと庭に出た際に、間違えて扉を閉めてしまった。鍵は家のなかに残されており、もう一つの鍵は大家であるMが所有している。Mに連絡しようにも、携帯電話も家のなかである。どうしよう、と考えた末、助けを求めてSの家に行くことにした。Sの家は私の家から20メートルほどの近距離にある。そのときの私は、シャルワール・カミーズこそ着用していたものの、ドゥパッターは身に着けていなかった。Sの家に着いて戸を叩くと、Sの娘R（20代、未婚）が出てきた。私はRに会うなり、「ドゥパッターを貸して！」と言った。そして事情を説明して、携帯電話を借りてMに連絡し、無事家の鍵を開けることができた。

この出来事は、次の点において私に驚きをもたらした。それは、Sの家までの道をドゥパッターなしで歩くことがとても恥ずかしく感じられたことである。まるで、下着姿で外を歩いているような感覚で、「誰にも会いませんように」と心のなかで念じながら急ぎ足でSの家に向かった。それゆえに、鍵がなくて家に入れないという危機的な状況において、私は携帯電話を借りる前にまずドゥパッターを求めたのであった。

私がここで感じた「恥ずかしさ」は、おそらく現地の女性達の語る恥ずかしさ、恥の概念（Sharm）と同じではないだろう。むしろ彼女たちにとっての恥の感覚／感情が、私にとっての恥の感覚とは異なることは日常的に実感している。ただここでは、これまで意識的に、そしてある意味打算的に避けていたドゥパッターなしでの外出が、ひどく不適切に思われたのである。

自分が「本当に」身体を覆うことの必要性を感じているのであれば、打算的に相手の意図を汲んでいる、という後ろめたさは幾分か軽減されるだろう。しかし、私にとっての身体を覆うべきであるという感覚は宗教的な動機に基づいていなかった。そこは依然として空虚なのである。それにもかかわらず、「エリカは身体を覆っていて偉い」と言われると、どうしてもイスラーム的な文脈において正しい、という評価をされたように感じてしまう。すなわち、いくら身体を覆う行為を習慣化したところで、宗教的な感情を内面化できない私は、そこにまた彼女たちとの差異を見出してしまうのだ。

でも、本当にそうなのだろうか。私は無意識に、行為の正当性を彼女たちに押し付けてはいないか。彼女たちがムスリムだから、彼女たちがパキスタン人だから、身体を覆う行為の正当性は彼女たちにある、そしてその根拠は私が共有していない宗教にある、と捉えることは、彼女たちを文化的他者として措定し、自分と彼女たちの間に線引きをすることに他ならない。

私が身体を覆うという行為に今一つ根拠を見出せない理由の一つには宗教があった。すなわち、私自身がその行為はイスラームという宗教にもとづくものだ、と考えているということである。しかし、彼女たちが日常生活において、行為として頭や身体を覆ったり、覆いを外したりするとき、宗教感情がもとになっているかどうかはわからない。むしろ、目の前で対峙している人物との関係性や、彼女たちのいる場所、その場の雰囲気など、様々な要素が関係しているのであろう。たとえば、ある知り合いの女性（30代、既婚）は、嫁ぎ先の家のなかでは義理の父母の前でもアザーンが流れたときに頭を覆わないが、夫の姉の前ではアザーンが流れたときに頭を覆うという。それはまさに、私が自らの装いや振る舞いを決める要素として常日頃意識しているものと重なるように思える。ここに、かつて私が引いた「私」と「彼女たち」の間の線がゆらぐ。

気まずい、と感じることは未だによくある。身体を覆う行為が習慣化したからといって、打算的な後ろめたさが消えるわけでもないし、特定の場面における自らの行為の妥当性に自信を持てないことも多々ある。ただ、この気まずさは、多くの場面において自らを困惑させる厄介な感覚でありながらも、私にとってはフィールドワークを進めていくうえでの大切な感覚でもある。

この先また新たな経験をして、今私が抱いている印象や理解、感情はどんどん変化していくことだろう。そのなかで、時々立ち止まって「私は今なぜ気まずいと感じているのだろう?」と考える。そうやって、この感覚を自分の立ち位置を再確認するための標にすることができればいいと思っている。

【参考文献】

中谷純江（1995）「インド・ラージャスターン州のラージプート女性の宗教的慣行——ヒンドゥー女性にとっての自己犠牲の意味」『民族学研究』60 (1): 53-77.

Papanek, Hanna. 1973. "Purdah: Separate Worlds and Symbolic Shelter." *Comparative Studies in Society and History* 15 (3): 289-325.

第8章

二つの海の出会うところ
——香港でさわる、さわられる

小栗宏太

フィールドにおいて常識をくつがえされるような体験を通じて新しい発見をすることがフィールドワークの魅力である。しかし生身でフィールドに飛び込む調査者は、ただ調査対象を一方的に観察するだけではなく、彼らからの視線にもさらされている。だからときには、自分自身にかかわる予想外の問いや課題を突きつけられることもある。「東洋と西洋の出会う国際都市」香港における私のフィールドワークもそんな経験の連続だった。

1　香港で出会う——フィールドでの気づき

フィールドワークの醍醐味は、異文化のなかでの「居心地の悪さ」を経験することにあるのだという。フィールドで出会う人や物や出来事は、私たちの想像を超えている。現地の人であれば子どもでも知っているようなことがいつまでたってもわからず、孤独と無力感に苛まれることもある。頭で考えていたことと目の前で起こっていることとのギャップに驚かされ、今まで自分が考えていたことはなんだったのだろうと絶望することもある。でも、そうやって自分を揺さぶられる「カルチャー・ショック」の経験があるからこそ、フィールドワーカーはフィールドワークを通じてそれまでの価値観を考え直すことができるのだ、と（佐藤 2006: 45–47）。

私にとってのそんな居心地の悪い出会いを語るのに、一枚の写真から話をはじめたい（写真1）。2014年の夏に訪れた香港の生鮮市場で撮ったものだ。当時私はアメリカの大学院の学生で、LGBTの権利と「文化」をめぐる論争についての修士論文を執筆中だった。将来的には香港をフィールドにしたいと考えていたものの、特に具体的な研究テーマを持っていたわけでもなく、なんとなく修士論文の延長で香港の性的マイノリティについて調査をしようかと考えていた程度だった。このときの香港訪問もフィールドワークというよりは単なる旅行だった。しかし、なんとなく訪れたこの市場で偶然目にしたこの光景に衝撃を受け、私はまったく異なる研究テーマに導かれることになった。

写真1　市場の豚肉屋

吊るされているのは豚肉である。日本とは異なる食肉の陳列方法にも少し面食らった（パッケージ化され冷蔵された食肉陳列に慣れた身には、豚の臭いが耐えられないほどきつかった）が、ほんとうに驚いたのは、客のなかにヒジャーブ姿のムスリムとおぼしき女性がいたことだった。自分では豚肉を食べないであろう彼女が、なぜ豚肉屋にいたのだろうか。

その理由を推測するのは、難しくなかった。彼女と同様の姿をした女性を街中で既に何度も目にしていたからだ。同行していた現地の知人に尋ねると「メイドだ」と言われた。香港では、東南アジア出身の女性が30万人以上[1]住み込みの家事労働者として働いていて、そのうちおよそ半数は、ムスリムが大多数を占めるインドネシアの出身であるとされる（Constable 2007）。私が豚肉屋で見かけたこの女性も自らの信仰にとってタブーである豚肉を香港人の雇用者のために調達し調理する家事労働者なのだろうと思われた。

　私がこの光景に衝撃を受けたのは、それまで抱いていた「多様な国際都市」という香港のイメージとのギャップを感じたからだった。ムスリムに豚肉を買いに行かせ、調理をさせるという行為が、多文化主義や異文化理解といった私が「国際都市」の特徴として考えていた事柄と矛盾するように思えたのだ。「この女性は豚を触るのが嫌ではないのだろうか」、「食事以外でも多くの問題が起きているのではないのだろうか」、「香港人の雇用者はイスラームについて何も知らないのではないだろうか」、など様々な疑問が頭に浮かんできた。しかしその光景にうろたえていたのは私だけだった。同行者はただ事もなげに「あれもメイドだろう」と言った。滞在先に帰宅後、ネットで簡単に調べてみると、家事労働者の雇用を斡旋する会社の案内には、インドネシア出身の家事労働者について「豚肉を食べないが調理は可」であると短く書いてあった。ある新聞記事には、「豚は広東料理の重要な食材です。豚肉も触れずにどうやって働けるんですか」という雇用者団体会長の言葉が引用されていた（Deng 2012）。

　アメリカに戻ってから、私は香港におけるイスラームの歴史について、そして外国人家事労働者問題について、文献を収集して調べてみた。歴史的にみれば香港とイスラームとの関係も決して浅くはないことがわかった。香港の位置する珠江デルタ一帯は、古来より西洋に対する中国の窓口として発展してきたため、広州にはムスリム商人が多く住む街区もあった。14世紀の旅行家イブン・バットゥータは、当時現地

写真2　繁華街に建つ巨大な九龍モスク

のムスリムが珠江河口付近のことを、クルアーンに登場する世界の果てについてのモーセの言葉[2]になぞらえて、「二つの海の出会うところ」と呼んでいたと記述している（イブン・バットゥータ 2002: 29）。19世紀、イギリス領の植民地として以降の香港は、まさに「東洋」と「西洋」という二つの海が出会う国際貿易港となった。同じ英領である南アジア出身者を中心とするムスリムも植民地初期から多く居住し、商人や軍人としてこの街の発展に貢献してきた。今日でも繁華街の一等地に巨大なモスク、九龍清真寺が建っている（写真2）。19世紀末に建立され、1984年に現在の位置に移設されたこの建物は、ある研究者の言葉を借りれば、香港のムスリム・コミュニティの歴史の深さと「この街の発展を推進し維持してきた固有の多文化主義」を象徴するものなのだという（O'Connor 2012: 32–33）。

一方で家事労働者が抱える問題は、そのような歴史とはほとんど無縁の、住み込み家事労働という特性を反映したものらしいこともわかった。たとえば、雇用者と同じ家に暮らし、ともに食事をとる家事労働者は、ハラール認証／表示をした食品が市場にあっても、そもそもそれにアクセスすることができないケースもあった。食費の削減のために雇用者と同じ豚肉の入った食事を強要された例や、他に食べ物を与えられず、インスタントラーメンなどで過ごした例も報告されていた。食事問題の他にしばしば取り上げられているのが、衣服や礼拝に関する問題だった。フランスなどの国では公共の場でのヒジャーブ着用の可否が法的な議論となった事例もあるが、香港では家のなかでの着用を不潔そうだから、あるいは単に気味が悪いからといった理由から認めない雇用者の存在が問題になっていた。礼拝についても、香港には上述のモスクをはじめ、各地にモスクがあり、空港などの一部公共施設には礼拝室も設置されているが、家事労働者の多くが抱えていた不満は、勤務時間中に祈ること、家で祈ることを禁じられることだった。先行研究では、これらはいずれも、雇用者と被雇用者が近距離で交流することを強いられる「親密性労働」の特性からくるものだとされていた。「家庭という親密圏内では文化や宗教の違いが重大な意味をもつ」(Constable 2014: 64) ために、家事労働者と雇い主の関係は「近いが危険 (close but dangerous)」なものとなる (Ho 2013: xxxi に引用された地元イスラーム団体関係者の言葉) というのだ。

いずれにせよ、香港で起きていることは、私がナイーブに想像したような、せいぜい近所の隣人や職場の同僚などというレベルでの「ムスリムとの共生」とは全く異なる次元の問題であると気づかされた。異なる宗教的、文化的バックグラウンドをもつ人びとと一つ屋根の下で暮らし、身の回りに関する労働を担ったり担わせたりすることなど、自分には全く想像できていなかったのだ。しかし香港ではそれが当たり前の状況であるようだった。そういった中で、人びとがどのようにしてトラブルを乗り越えているのかが気になった。また、先行研究ではあまり取り上げられていないように見えた香港人雇用者側の不安や葛藤についても知りたいと思った。

2　香港でさわる——フィールドワークと「発見」

この出会いから、私はそれまでの性的マイノリティについての研究計画を放棄し、香港におけるムスリム家事労働者と非ムスリム雇用者との関わり合いについて、近接性や「さわる」という行為に焦点を当ててフィールドワークを行いたいと考えるようになった。私が特に注目したかったのは、「豚肉をさわって調理することは信仰上問題となりえないのか」ということだった。イスラーム法学上、豚は食べてはいけない「ハラーム」であるだけではなく、不浄である「ナジス」ともされ、触った場合は宗教行為を行う前に洗浄が求められる。なかでもインドネシアでは、豚による穢れは「重度の不浄」とされ、通常の水による洗浄に加えて、綺麗な土や砂を使った洗浄が必要と考えられている（阿良田 2018: 34）。しかし、「うちのメイドは料理の後に土で手を洗っている」という話など香港の雇用者から聞いたことはなかったし、衛生上の懸念からそれを許容する者もいないだろうと考えられた。そもそも高層住宅がほとんどの香港においては、土や砂を入手するのは容易ではないはずだった。

ところで、新たなフィールドワークを行う上で懸念となったのは、私自身のジェンダーの問題だった。既存の家事労働者研究は、香港におけるものにせよ他地域のものにせよ、ほとんどが女性研究者によって行われてきたが、私は男性である。だから、たとえば突然公園でプライベートな集まりを楽しむ家事労働者の女性に話しかけて同席を求めることは、彼女たちのジェンダー規範に照らして不適切なのではないかと考えたのだ。

そう考えるに至ったのは、現地に行く前に読んでいたフィールドワークの解説本にたいていそのような注意が書いてあったからだった。フィールドワークは相手の生活空間に直接踏み込む行為であるとか、フィールドワーカーはマジックミラーを通して一方的に対象を観察するような透明な存在ではないのだから、自らがどう思われるか、自らの存在が相手にどのような影響を与えるかについて、とりわけ注意して考えなければならないのだ、とか。そこで、私はまずモスクの男性職員や家事労働者を対象にしているN

GO組織の職員などにコンタクトをとり、そこから人を紹介してもらう作戦をとった。これもフィールドワーク本からの受け売りだった。このような団体／グループへのアクセスを管理する存在は、フィールドワーク論においては「ゲートキーパー」と呼ばれている。

「ゲートキーパー」を介する私の作戦はうまくいった、ように思えた。はじめは恐る恐るではあったが、だんだんと家事労働者の世界に触れることができるようになった。許可さえ得られれば男性であることはあまり問題とされず、ときには「男子禁制」の場にも入ることも許された。知り合いになった家事労働者たちの日曜の集会に自然に同席することもできた。普通のやり方では入れない場所に入ることで、何か「フィールドワークっぽいことをしている」という高揚感もかきたてられた。

またこのころ、研究の面で大きな収穫もあった。モスクの男性幹部への聞き取りから、豚による不浄の除去のために、泥でできた石鹸が生産され流通していることがわかったのだ。この泥石鹸は、香港の都会的ライフスタイルに合わせつつイスラーム法上の要請を満たすための発明で、不浄の反対である「清浄」を意味するアラビア語から「タハラ」石鹸と呼ばれていた。幹部いわく「今ではどこにでもある」ものだとのことだったが、これまでの先行研究には全く言及がないものだった。確認をとるため、NGO職員を通じて知り合っていた家事労働者団体関係者にこの石鹸についてSNSを通じて質問したところ「非ムスリムが多数派の社会に住んでいて、毎日豚を扱うので、タハラ石鹸を使う方法がよりシンプルで衛生的だから使う」という回答を得ることができ、後日集会で彼女にあった際にもこの見解は再度示された。

しかし、「どこにでもある」という幹部の言葉とは裏腹に、香港で実物を探し出すのにはやや苦労し、家事労働者の案内で連れていってもらった男子禁制のマレーシア輸入品店でようやく入手することができた。ただし私にはそんな苦労も些細なことのように思われた。むしろついにフィールドワークを通じて、

写真3　タハラ石鹸の広告。不浄の除去の他に美肌効果などがうたわれている。

何か新しい事実を「発見」したのだという大きな満足感を覚えていた（写真3）。

しかし、この「発見」にはとんでもないどんでん返しがあった。一時帰国を経て、数ヶ月後に同じ家事労働者のもとをあらためて訪問してみると、「実は、私はあの石鹸のことは知らなかった。あなたに言われて、使っている人を探して回答したから大変だった」と言われたのだ。隣にいた別の家事労働者女性も、笑いながら、「私はもう17年間香港にいるけど、あんな石鹸のことなんて、あなたに聞いたのがはじめてだよ」と言った。

なんのことはない、ベテランの家事労働者も知らないような代物なのだから、先行研究でも言及されていないに決まっている。わたしの「発見」は、彼女たちにとっても発見だったのだ。このように、フィールドワーカーがインフォーマントの知識に影響を与えてしまうこともある。この手のエピソードは先輩方からも警告として聞いていたが、まさか本当にこんな笑い話のような「オチ」を自分が経験するとは思っていなかった。

ただ問題は、これがただの「笑い話」では終わらなかったことだ。ベテランの彼女は続けて、「（豚のことなんて）気にしないのよ。私達は外国に来て働いているのに、どうして悩まなきゃいけないの。故郷の家族のために、ここに来て働いて、どうして悩まなければいけないの」と言った。その強い口調にどこか咎めるような雰囲気を感じとった私は、ただ気まずさのなかに目をそらしながら、うなずくしかなかった。

宗教上指導的立場にいる「ゲートキーパー」を通じて、トップダウンの形で家事労働者にアプローチする中で、私は知らず知らずのうちに彼女たちにある種の「規範」を押し付けてしまっていたのだろうか。やはりフィールドワーカーは透明でも中立でもないのだろうか。

3　香港でさわられる——居心地の悪い自分

しかし私は、全く別の経験を通して、自分自身が「透明でないこと」を思い知らされた。先述のモスクの男性幹部に誘われて数名の家事労働者と一緒に食事をした際、この男性がやたらと私のことをペタペタさわってきたのだ。私を誰かに紹介するたびにペタペタとさわるのでなんだか気まずくなっていた。彼が女性たちに「この人、女じゃなくて、男だからな」とボソっと呟いているのをきいて合点がいった。彼は、私が女性と間違えられることを心配していたのだ。ペタペタと触れるのは、男性である自分が触ることで、私も同性、つまり男性であるということを明示・確認する身振りだったのだろう。

ここまで私は、自分の性別を「男性」とだけ記してきたが、私の外見は典型的な男性とは違うらしい。長髪であり、ヒゲもあまり生えない体質であるためか初対面では女性と間違えられることがしばしばある。化粧はせず、服も男物やユニセックスのものを着ているのだが、もともと日本と比べて薄化粧でラフな格好をした女性が多い香港ではなおのこと間違えられた。飲食店などでは、オーダーをとりに来る店員に、ほぼ間違いなく「小姐」（お姉さん）と呼びかけられるし、男子トイレにはいろうとすれば「ちょっと！お姉さん！　そこ男子トイレ！」とすごい勢いで止められる。面と向かって、「あなたは女ですか、男ですか？」という出来の悪い文法書の例文のような質問を投げかけられたこともある。

同じような経験は日本やアメリカでもしていたので私としてはある程度慣れっこだったが、調査となるとより深刻な問題にもなった。たとえばある家事労働者の文化イベントを見に行ったときには、いきなり女性に腕をつかまれ、記念撮影に連れて行かれた。何事かと思いながら応じると、撮影が終わった後に皆から「奥さんありがとう!」(Thank you, ma'am!)と一斉に声をかけられた。イベントをわざわざ見に来てくれる希有な香港人マダムと勘違いされたのだろうと思う。今さら否定するわけにもいかず、(喋ればたぶん男だとバレるため)何か言葉を発するわけにもいかないので、その日は聞き取りを諦めてニコニコしながらその場を立ち去るしかなかった。

日曜の集会の輪に座っていると、不意に知らない人に抱きつかれたり、腕を組まれたりすることもあった。すると、すぐに私を知っている人が「その人、男だから」と少し怖い顔をして訂正する。大体その女性は驚いてパッと離れ、気まずそうに笑ったり謝ったりする(あるいはその両方を同時にする)。そして私の方も他にすることが思い付かずに笑ったり謝ったりするが、たいていその後に待っているのは気まずい沈黙だった。

そんな瞬間は、円滑な聞き取りが中断されるだけではなく、相手をだましているような申し訳ない気持ちにもなる。こうした経験を繰り返すうちに、未知の領域に潜入するフィールドワークの高揚感は、どこかスパイのような居心地の悪い感覚に変わっていった。こちらは特別な許可を得た男性としてその場にいるつもりでも、向こうは私のことを女性だと勘違いをして、同性しかいない場として行動しているかもしれないのだ。実際、おそらく見るべきではない光景を目撃してしまったこともある。

性別を間違えられたとき、私はどうすればよかったのだろうか。「私は男だ」と怒り、間違えた相手に腹を立てるべきだったのだろうか。私の外見に「問題」があることが根本的問題だと自分を責めればよかったのだろうか。だからと言って、もちろん「女」としてその場にいるわけにはいかなかった。それは私自身の性自認とは異なるし、何より意図的に調査対象を騙す行為のように思えた。たとえば髪を切ったり、頑張って髭を生やしたりして、もっと曖昧さのない男らしい男性として振る舞えばよかったのだろうか。ただ、自分のジェンダー表現は、フィールドワーカーとして以上に、私の自己意識の根幹にかかわるものであり、そう簡単に割り切ることもできなかった。

私自身のジェンダー表現の曖昧さ、非典型さは、私が同じような性的マイノリティを研究対象にしていたときには全く問題にならなかったので、特に意識した記憶はない。だが、香港で家事労働者女性を対象としたフィールドワークを行うようになってから、私はこの「問題」を強烈に意識させられるようになり、自身の「クィア」さ、すなわち典型的な男らしさ、女らしさとのズレと向き合う必要に迫られたのだ。

男性性／女性性の文化的境界の揺らぎについて、あるいはその二つの枠組みに収まらない性のあり方については、古くから人類学のテーマになってきた。だが、それは大抵調査される側についてのものであり、調査者について扱ったものではない。調査者側のジェンダーについては、特に女性調査者が直面する問題として議論されてきた。そのなかでは、たとえば女性同士であることは無条件に共感を担保するのか、男性が女性を調査する場合にはどんな困難があるのか（Levinson 1998; 日本の例では平井 2013 など）など、興味深い問題も取り上げられてきている。またフィールドワークにおけるセクシュアリティの問題についても、いまだに語られることの少ない領域ではあるものの一部で取り上げられはじめている（田中 2018 など）し、カミングアウトした同性愛者自身が同性愛者のコミュニティでのフィールドワークを語る論考もある（たとえば 新ヶ江 2016）。ただし、これらの検討のなかでも、（特に男性）フィールドワーカーのジェンダー表象／アイデンティティは、クィア当事者が同じクィアを調査する事例を除いて、曖昧さのない硬直的なものとしてイメージされてきたのではないか。調査者自身の曖昧さ、クィアさについては、十分な考察はされてこなかったのではないか。

私の経験は、私のジェンダー表現以上に、フィールドワーカーとして「非典型的」なものなのかもしれない。しかしジェンダーに限らなければ、思ってもみない形で立場を誤解されることは一般的な体験なのではないだろうか。たとえば、あれこれ聴き回っていたら不審者扱いされてしまったり、生業の調査をしていたら商売敵扱いされて煙たがられたりといった経験は決して珍しくない。私自身、タハラ石鹸についての聞き取り中に、仕入れ業者と誤解されたのか「何ケース欲しい？ 日本のどこで売る？」と尋ねられたこともある。むしろフィールドワーカーがすんなりフィールドワーカーとして受け入れられる状況の方が稀だろう。

フィールドワークとは調査者自身が生身で調査対象のなかに飛び込んでいく方法であり、だからこそ必然的に、他者が自分に向ける様々な視線を通じて「自分は何者なのか」という問いにも向き合わなければならない。あるいはそれもまたフィールドワークの醍醐味だと言えるのかもしれないが、この気まずく居心地の悪い問題にどう向き合えばいいのか私はまだ答えを見出せないでいる。

【注】

1 香港の人口は約700万人であるため、香港において彼女たちの存在はそれなりに目立つものである。週に唯一の休日である日曜日に公園などに大勢集まる姿は、街の風物詩にもなっている（小栗 2019）。

2 「私は二つの海の合流点に行き着くまでは、長年かかっても止めない」（クルアーン18章60節、邦訳は中田 2014 より）。

【参考文献】

阿良田麻里子（2018）『食のハラール入門――今日からできるムスリム対応』講談社。
イブン・バットゥータ（イブン・ジュザイイ編、家島彦一訳注）（2002）『大旅行記』7巻、平凡社。
小栗宏太（2019）「世界都市の舞台裏――マイノリティたちの苦悩」倉田徹、倉田明子編『香港危機の深層――「逃亡犯条例」改正問題と「一国二制度」のゆくえ』東京外国語大学出版会、221-224.
佐藤郁哉（2006）『フィールドワーク　増訂版――書をもって街へ出よう』新曜社。
新ヶ江章友（2016）「『ゲイ・コミュニティ』でフィールドワークする」椎野若菜、的場澄人編『女も男もフィールドへ』古今書院、59-68.
田中雅一（2018）『誘惑する文化人類学――コンタクト・ゾーンの世界へ』世界思想社。
中田孝監修（2014）『日亜対訳クルアーン――［付］訳解と正統十読誦注解』作品社。
平井京之介（2013）『微笑みの国の工場――タイで働くということ』臨川書店。
Constable, Nicole. 2007. *Maid to Order in Hong Kong*. 2nd ed. Ithaca and London: Cornell University Press.
———. 2014. *Born Out of Place: Migrant Mothers and the Politics of International Labour*. Berkeley and Los Angeles: University of California Press.
Deng, Andrea. 2012. "Keeping the Faith." *China Daily*. 01 November, 2012. Retrieved from (http://www.chinadaily.com.cn/hkedition/2012-11/01/content_15862378.htm) Accessed on April 5, 2021.
Ho, Wai-Yip. 2013. *Islam and China's Hong Kong: Ethnic Identity, Muslim networks and the New Silk Road*. London and New York: Routledge.
Levinson, Bradley A. 1998. "(How) Can a Man Do Feminist Ethnography of Education." *Qualitative Inquiry* 4 (3): 337-368.
O'Connor, Paul. 2012. *Islam in Hong Kong: Muslims and Everyday Life in China's World City*. Hong Kong: Hong Kong University Press.

第9章

「私は何者か」という問いとともに

小川杏子

新たな環境に身を置くことで、「自分が何者か」ということに直面させられることがある。たとえば「女性」であること、年齢や社会的な肩書き。このような自分の持つ多様な属性のある側面が、相手との関係性・置かれた環境のなかで立ち現れるのである。今振り返ると、「フィールドワーク」もその連続であり、立ち現れる側面は、「フィールド」との関係の変化によって、異なっていき、新たな課題を自身に突きつけてくるものなのかもしれない。

1　はじめに――「フィールドワーク」なるものの始まり

この原稿執筆の話をいただいたときから、このモヤモヤの状態で書くことがいいのか、ということを考え続けている。それは、そもそも、この本で求められている「フィールドワーク」が私にはできているのだろうか、という不安。そして、大学院に進学してからずっとつきまとっている、「フィールドワークって何」という問いが自身のなかで整理しきれていないことがあるのだろうと思う。

学部時代には、歴史学を学んでおり、「フィールドワーク」というものについて深く学び考える機会はほぼなかった。卒業論文を書きながら、現代トルコのナショナリズムと文化政策に関心のあった筆者は、日本国内に暮らすクルド難民が登壇するイベントに顔をだし、彼らの言葉に耳を傾けたりもしていた。今生きている人びとの言葉を耳にし、その背景にある社会の構造に目を向け考えるということ、そういうことをしていきたいなと思い、足を踏み入れたのが地理学であった。研究報告でも、自己紹介でも、「この研究のフィールドは……」「私のフィールドは……」と「フィールド」や「フィールドワーク」という言葉があふれている世界。学部では史学部に所属していた筆者にとっては、地理学コースに移動してからの日々は「フィールドって何だろう」「フィールドワークって何だろう」そんな初歩的な疑問を抱きながらの日々であった。

疑問が浮かび上がってきた背景には、行った先々で浮かび上がってはつきまとう、自分が持つ属性との直面と葛藤があったように思う。自分が持つ属性とは、端的に言えば「自分は何者か」ということである。そこで、ここでは、トルコでの「フィールドワーク」の始まりから今まで、浮かび上がってはつきまとってきた、「私は何者か」の問いが立ち現れて来た過程を、ほぼ時系列に振り返りながら、「フィールドワーク」とは何なのだろう、ということを考えていきたい。

時系列にそして、出来事の羅列に本筋を見出すことは難しいかもしれない。しかしその些末に見えることが、筆者にとってはともにその場の出来事を経験し、トルコという生活環境やそこでもたらされる新たな価値観が自身の一部となっていく過程であったのではないかと考えている。そのため、本文では些末に見える部分についてもあえて記載してみたい。

トルコ共和国に初めて訪れたのは2013年春。トルコ共和国ではまず、首都アンカラにあるビルケント大学のビュレント・バトゥマン氏を訪ねていった。様々な論文を読む中で、視点が面白く、今後の研究の方向性を探るためにもぜひ話を聞いてみたかったのだ。彼の紹介で出会ったのが、アンカラで暮らすゲジェコンドゥ（Gecekondu）の人びとであった。ゲジェコンドゥとは、一夜建てを意味するトルコ語であり、1950年代以降の経済成長に伴い都市が拡大していく過程で、地方からの都市移住者が建築した住宅である。1980年代以降、特に2000年代に入ってからは、取り壊しが進み、中・高所得者向けの都市・住宅開発が進められている。こうして、「フィールドワーク」なるものが始まった。

2　ゲジェコンドゥの住民たちの出会い――名もなき「外国人の女の子」としての私

私がバトゥマン氏の紹介で訪れることとなったのはディクメン・ヴァディシ[1]というゲジェコンドゥ地区である。最初に訪れた2013年当時、ここでは組織化されたゲジェコンドゥ住民たちによる、行政による再開発への活発な抵抗運動が起きていた。

住民組織は基本的に40代～60代の「男性」が中心となり構成され、毎週集会が行われ、住民たちが集まり議論が交わされていた。住民組織の代表であるタールク・チャルシュカン氏や住民組織の支援団体のメンバーに、「ぜひ集会に来るとよいよ」と言われ、この集会に訪れるようになっていた。そこでは私は「外国人の女の子」、あるいは「日本人の女の子」と呼ばれていた。「20代の女の子」であり、かつ「外国人」だった筆者はかなり異質な存在だったのではないかと思う。組織の代表であったタールク・チャルシュカン氏が常に同伴してくれたことで初めて、その場にいることを認められていたようにも思う。

そんな中、筆者のヴァーディでの立ち位置に大きな変化をもたらしたのが、住民組織で女性の世話人として活動していたRの存在だった。彼女と最初に出会ったのは、裁判所前で行われたヴァーディの住民逮捕をめぐる抗議活動の場だった。トルコ語がおぼつかなかった筆者は当日、タールク氏に言われた通りの場所へ訪れた。それが、この抗議集会の場であった。到着したけれど、顔見知りも見当たらず、どうしたらいいのだろうとキョロキョロしている筆者を見かけ、「前にヴァーディに来た人ね」と声をかけてくれたのが、Rであった。「こっちに来なさい」と案内され、隣に座らせてもらってしばらく一緒に待つこととなった。そして、抗議のスタンディングが始まると、「あなたもこっちへ」と呼ばれたのはスタンディングの正面ど真ん中。筆者がそこにいることで、ヴァーディの活動には多くの海外からの支援者がいるというアピールができるという意味もあったのかもしれない。取材のカメラも複数ある中で、「この姿が報道されたりしては大変!」と慌てた筆者は、「ここで大丈夫」と後方に慌てて紛れ込み、スタンディング後は大勢の人の波にのまれ、この日はRにお礼も言えずに別れてしまった。

Rはこの頃、住民組織の世話人的役割を果たしていた。彼女とはその後、ディクメンでの住民集会で再会した。集会会場の後方に座っている筆者を見かけると、Rは「こっちに来なさい」と、住民たちの前に座っていたタールク氏と自分の間に筆者の席を作り座るように言った。最後には、筆者に日本の現状を質問し、筆者が応答する際には言葉の面でもサポートすることで、それまでは異質な存在であった筆者を、一人の参加者として集会の場に巻き込んでくれたのである。

そのとき筆者は真剣な眼差しの住民の質問に答えるのに必死だった。しかし、後から振り返ってみると、ここで自分の言葉で発言をしたことで、筆者は単なる「外国人の女の子」から、「なにやらここに学びに来ている「らしい学生」になるきっかけが与えられたのだった。その後代表のタールク氏だけではなく、住民でもあるRと一緒にいる様子が認知されたことで、顔見知りになった住民たちや若者たちから挨拶をされたり声をかけられたりすることも増え始めた。

住民による再開発への抵抗運動が活発なディクメン・ヴァディシでは、現政権のあり方への批判から、男女問わずコミュニストと名乗る人びとも多い。Rに象徴されるように「女性」であっても積極的に地域の活動に参加をし、フェミニストを名乗る女性が多い環境でもあった。しかしながら、住民組織の構成メンバーの中心は一家の〝あるじ〟であることがまだまだ一般的であり、その構成員は、平日昼間の集会に出席が可能な高齢男性が中心であった。その環境のなかでは、「20代の女の子」（しかも、トルコにおいてはもっと若く見られることもある）でさらに「外国人」である筆者は「名もなき外国人の女の子」であった。

筆者が最初にヴァーディを訪れた際には、「日本」の60代「男性」「大学教授」とともに、しかも住民組織を支えている外部の支援者も一緒であり、住民たちは筆者を外からやってきたお客様として扱った。そのため、その場での適切な立ち振る舞いについて考えねばならない場面は生じなかった。しかしながら、外部の支援者を案内人としつつも、筆者がその場に一人で現れて通い始めた後には、住民たちには戸惑いが見られ、私自身も戸惑ったのである。私もその場でどのように居ることが適切なのかわからず、自ら言葉を発していいのかどうかもわからなかった。ただただその場で黙って住民の話を聴き、静かに様子を見ているよそ者であることが続いていた。しかしながら「男性」たちとも対等に意見を言うRと一緒に時間を過ごし、Rによって私自身の言葉で発言をする場面がもたらされる中で、筆者が感じていたよそ者感は減り、住民たちから声をかけられ、こちらからも話をすることができるようになったのである。

3　Rの家族が直面する葛藤のなかで――カイス（杏）としての私、「研究者」としての私

何度かヴァーディを訪れているうちに、ある日タールク氏に「住民のところにご飯を食べに行こう」と言われ、案内されたのがRの家であった。久しぶりの再会であったが、筆者のことを覚えているのかいないのか、さっぱりとした簡単な挨拶を交わし昼食を一緒に済ませた。昼食後に定番のチャイ（紅茶）タイム。チャイを飲みながら、のんびりとした時間を過ごす中で、Rに「いつでもここに泊まっていいのよ」と言われ、それがきっかけとなり度々Rの家を訪れ泊まらせてもらうようになった。

Rの家に通うようになり出会ったのが、筆者にとっては後にヴァーディでの水先案内人のような存在になっていく娘のHであった。Hはまだ小学生で、筆者と同じ年の、兵役を務める兄がいた（兄の存在は兵役から帰ってきてから知ることとなる）。当時ヴァーディでは、ハルクエブレリという左派組織による様々な支援が展開され、そのなかでは、子どもたち向けのギター教室、写真教室、民族舞踏教室、学習支援、社会体験等のプログラムが行われ、大学生くらいの年齢の多くの若者が出入りしていた。そうした若者が住民の家で過ごすことも多くあった中で、彼女にとって、兄と同じ年の筆者はアブラ（お姉さん）であり、ヴァーディにやってきて、Rに連れられて家に遊びに来る大人たちの一人という認識であったようだ。

しばらくして、Rたちが悩みだしたのは、筆者をなんと呼ぶかということであった。キョウコ（杏子）という名前がトルコ語にはない響きで耳なじみがなく、呼びにくいということで名付けられたのが、杏（あんず）を意味するカイスであった。「そんな名前、トルコにはないよ！」とRたちに笑われながらも、ここから「カイス」という名前で一個人として認識されるようになっていったのである。

ヴァーディに行くときには、仕事で忙しい父と兄やヴァーディでの活動で忙しいRのいない時間をHと一緒に過ごすことも多かった。学校帰りのHと一緒にお店に行き材料を買ってスライムを作ったり、クッキーを焼いたり、屋根に登って木の実を収穫したり。トルコ語が十分でなかった私のサポートをして、ときにわからない言葉を説明してくれたのもHであった。母親のRに頼まれて近所の家に塩を借りに行ったり、パンを買いに行ったり。そんなときにちょっと遠回りをしてHの友人に会ったり、こっそりアイスを買ったり、そんなたわいもない時間を過ごす中で、段々と筆者自身のなかでRやHに対する感覚が変わっていった。最初は「ディクメン・ヴァディシの住民のなかの一家族」であったのが、R、Hという他には変えがたい存在となっていったのである。

RやHのなかでも少しずつ変化が起きていたようで、あるときは、夏の休暇で家族旅行をする際に、RやHに「カイスもおいで」と誘われ、つかの間の休暇をR家族と一緒に過ごした。Rからは、「私の日本人の娘なの」と家を訪れた住民に紹介されることもしばしばとなっていった。ここでは、「日本人」という部分を強調するのではなく、「私の娘。だけど、日本人ね。笑」というニュアンスで、Rはこの言葉を使っていた。

このように、Rの家族との関係性が変化しヴァーディでの滞在の仕方も変化していく中で、段々とヴァーディの人びとの日々の生活の様子を目の当たりにすることが多くなった。ヴァーディを訪れていると、自らの生活（や住宅）を守るためには、厳しい経済状況のなかでも住民組織の活動に時間を割き、団結して交渉し続ける必要のある状況を目の当たりにする。ゲジェコンドゥのなかでも経済的に格差があり、Rの夫（Hの父）が雇用主から洋服をもらってきた際には、Hが着られないものはより生活の厳しい他の家の子にあげるなど、ヴァーディのなかでも互助関係が営まれていた。生活環境にも差があり、R家族のようにしっかりとした家で暮らしている家族もあれば、テントのような小屋で暮らしている家族もあり、このような支えのなかでやっと生活できている家庭もあるだろうことは想像に難くない状況であった。精神的に厳しい状況に置かれアルコール依存症になっているという男性が住民に支えられながら暮らしていたり、２０１５年から２０１６年にかけては、トルコに多くのクルド人難民が流入する中で、トルコ語を話すことができない難民キャンプからテントだけを持って来て暮らしているという家族がクルド系のヴァーディの住民の支えを受けながら暮らしていた。まさにゲジェコンドゥはそのときごとのトルコ社会の周縁におかれた人びとが助け合いのなかで支えられ生活する社会の縮図のような場であった。

ヴァーディの再開発政策が実施されるということは、家がなくなるかもしれず、ここでの支え合いが崩れるということであり、住民組織だけでなく、家庭内にも影響してくる。ヴァーディで行政の再開発政策への対応をめぐり、住民同士で意見が分かれ対立が深まり、住民組織内部が落ち着かない状況となった時期には、Rの家では、住民がやって来たかと思えばその対立について議論をしていく状況であった。家庭内でもそのことでストレスを抱えたRと夫はなんとなくピリピリしており、Hの兄も含めた家族間でも喧嘩が絶えず起きていた。そのような中で、喧嘩をする家族の間に立ったり、大人たちの話に耳を傾け状況を理解し、ストレスを抱える娘のH。その状況を目の当たりにして、私ができることと言えば、家族会議や住民たちが家にやって来て会議をしている時間に、その場には関係のないHを外に連れ出すことであった。一緒に映画館に行ったり、カフェでお茶をしたり、本屋さんや雑貨屋さんをめぐり、おしゃべりをして時間をつぶすことであった。

「研究者」としては会議にこそ立会って、今何が起きているのか理解をしないといけなかったのかもしれない。ゲジェコンドゥの住民運動の全盛期の一部とその後の住民組織の崩壊を目の当たりにすると、

「もう少し話をちゃんと聞いておけばよかった」、そう思ってしまう自分がいるのも事実である。しかし、目の前でR一家がヴァーディでの出来事に悩み、苦しんでいる姿を見ると、「研究者」としての自分ではなく、「カイス・アブラ」という家族的・友人的な関係としての自分ができることは何だろうと考え行動することの方がそのときの自分にできることに思えたのである。研究と実践（ここでは目の前の出来事に向き合い自身ができることをするという意味合いで）、これはヴァーディにいる間、そしてトルコに滞在している間、常につきまとって来る問いであった。

4 「テロ」や「クーデター未遂事件」が起こる中で――それでも「日本人」である私

このように、２０１３年にトルコを初めて訪れて以降、少しずつ人びととの関係性が変化していく中で、トルコ社会の変化の時期にも直面することとなった。それが、２０１５~２０１６年に起きた「テロ」[2]や「クーデター未遂事件」である。２０１５年10月10日、首都アンカラではアンカラ駅前で行われていた平和集会が「テロ」による攻撃を受け、１０３名が亡くなった。２０１６年1月12日、イスタンブルでは、観光地であるスルタン・アフメットで10名が亡くなり、同年6月29日にはアタテュルク国際空港、同年12月31日にはナイトクラブでの「テロ」が起きた。２０１６年7月15日には「クーデター未遂事件」も起きていた。

このように「テロ」や「クーデター未遂事件」という突発的に社会情勢を変え、先を見通しにくくする出来事が起きる度に、トルコに住むRやHをはじめとし、その他の友人たちと「これから（トルコは）どうなってしまうのだろう」という将来の社会情勢への不安についての話をすることが多くなった。アンカラでは、ショッピングモールに行くときや電車に乗るとき、人の集まるようなところに行くときには、いつも気をはり、長時間そのような場に滞在しないようにするなど生活が変化した。そして、RやHの家に向かう乗り合いバス、ドルムシュの乗り場にも人が集まることから、「あんまり乗り場に長時間いちゃダメよ」とRから言われることもあった。そして、7月15日に起きた「クーデター未遂事件」後には、これらに加え、SNSやオンラインメッセージで政治に関する話をしないようにしたり、カフェでもあまり大っぴらにそのような話をしないなど、何が真実であるかよくわからないなかで緊張感のある日々が続いていた。

その一方で、この国で一生を送るわけではなく短期滞在者である私は、この状況を共有しているとはいえ帰る場所があり、「あなたは日本人（日本のパスポートをもっているの）だから（大丈夫）」「トルコにいないで日本に戻りなさい」と言われることもあった。「テロ」が起きる度に、心がザワザワとし不安が頭をよぎったが、彼ら・彼女らの不安を本当の意味で完全に分かち合えると言えるはずもなかった。今までとは異なることが立て続けに起きる状況にうろたえている友人や、シリアやイラクから将来のためにトルコに来ている友人が「自分の国よりは（まだ状況がいい）」と言っているのを目の当たりにすると、何かあれば日本という別の場所に帰国できるこんな私が不安を口にしていいのだろうかとしばしば思わされた。RやHとともに時間を過ごす中で、段々と私のなかにもトルコでの「いつもの生活」が出来上がり、そこで同じときを過ごしているような感覚に無意識のうちになってきていたが、「テロ」や「クーデター未遂事件」のような突発的な出来事が起きると、ともに過ごす時間や経験だけでは乗り越えられない、私のもつ「日本人」という属性が浮かびあがり、突きつけられたのである。

5　おわりに――「フィールドワーク」は続く

短期滞在を終え、日本に帰国するたびに、トルコでの出来事は何もなかったかのように「私の日本での日常」が続くことに不思議な感覚を覚えていた。トルコに行っていたこと（行くこと）を周囲に告げると、「大丈夫なの？」「危なくないの？」「今行くのは止めた方がいいのではないか」そんな言葉をかけられることも多かった。「中東」であるトルコに向けられるまなざし、そこへの違和感を覚え、「大丈夫っていうか、みんなそこで生活しているんだよな」と独り言ち、日本で投げかけられる言葉や報道の在り方に居心地の悪さを感じたのである。私自身の半分の「日常」となっていたトルコの生活の感覚は日本に帰国した私に〝日常〟の違いのようなものを突きつけ、なんとも据わりの悪い思いを抱えていた。

「フィールドワーク」で起きる様々な出来事を前にして、私自身の持つ様々な属性は立ち現れてはまとわりつき、その様々な属性によって作られる立ち位置や物事の捉え方の見直しを迫られる時間の繰り返しであった。飛行機で片道約12時間かかるトルコのアンカラでの日々や目の当たりにした出来事、そしてそこで考えた「私は何者なのか」という問いは、帰国しても私の経験や価値観の一部として残り続け、その場を離れても常につきまとってくる。だからこそ、日本に帰国してからもなお据わりの悪い思いが残り続けるのかもしれない。

最近ふと、「モヤモヤし続けているから研究をし続けているんです」と言っていたある教授の言葉を思い出す。自分の様々な属性が、すなわち「私は何者なのか」という問いが浮かんではつきまとうもの、それによってもたらされる違和感の意味を考え続けることが一種の「フィールドワーク」だとするのならば、日常に「フィールド」は溢れているのかもしれない。そして、年齢も経験も変わっていく中でその違和感は変化をしていくのかもしれない。そんなモヤモヤを抱えながら、もうしばらくこの日々過ごしてみようと思う。

【注】

1　トルコ語表記はDikmen Vadisi。住民たちは自分たちの地域に親しみを込めて、ヴァーディ（Vadi）と呼ぶ。日本語ではディクメン谷と訳せる通り、アンカラの中心地クズライの南側に位置する谷状の地形の地区である。

2　２０１５年7月には、クルド人を狙ったとみられるＩＳ（Islamic State トルコ語では、IŞİD）のテロが起き、事態を未然に防げなかった政府に対しＰＫＫ（クルディスタン労働者党、トルコのクルド系ゲリラ組織）による警察官の殺害という報復事件が起きた。２０１６年2月、3月には、アンカラの中心地においてもＴＡＫ（クルディスタン自由の鷹）によるとみられる「テロ」が起きた。

【参考文献】

新井春美（２０１５）「トルコとＩＳ――浮かび上がるトルコの課題」『海外事情』63 (9): 57-71.
岩坂将充（２０１６）「トルコにおける２０１５年総選挙とエルドアン体制の政策変容」『中東レビュー3』96-109.
今井宏平（２０１６）「トルコにおいて伸長する「イスラーム国」――その起源と構成」『アジ研ワールド・トレンド２５０』40-47.

第10章

中立性の功罪

村上　薫

フィールドで、相手との距離のとりかたに戸惑うことがある。たとえば生活に困窮する人から金銭的な援助を期待されたら？　あるいは互いに対立する人たちから相手への憎悪に共感を求められたら？　戸惑いの根っこには、観察者として、観察対象であるフィールドの現実に介入し変化させることへの躊躇がある。だが、生身の人を相手にするフィールド調査で、中立の観察者であることは可能なのか。そうあろうとして失うものはないだろうか。

1　「中立」への問い

２０００年代以降トルコでは所得格差と貧困が問題化し、生活困窮者への支援が盛んに行われるようになった。それまでもイスラーム教の宗教実践として喜捨が個人や団体により行われてきたが、この時期には、政府が設置した公的扶助制度「連帯基金」を中心に支援の規模が飛躍的に増大し、基金事務所や補助付きパンの購買所に並ぶ人びとの列が、全国各地で日常の光景となった。

困窮者支援の中核的制度である連帯基金は、その政治利用や不正受給、宗教慈善に模した運営などが批判されてきた。それらの指摘はわたしにはもっともに思われたが、議論のなかに実際に支援を受ける人びととの具体的な姿が見えないところに、物足りなさも感じていた。とりわけ援助の公正性という重要なテーマについて、批判の急先鋒であるリベラル左派の研究者たちは、支援者側と受給者側の社会権意識の欠如を指摘するにとどまり、規範的な議論から抜け出せていないようにみえた。

2006年から1年間のトルコ滞在が決まると、わたしはこの問題と取り組むためにイスタンブルで聞き取り調査をすることにした。申告内容を偽り支援の受給資格を得た人はどう釈明するのか、そもそも不正と考えるのか、それとも受給を正当化する別の論理があるのか、といった問いは、当事者への聞き取りを行うことなしには明らかにならない。長期調査を終えて帰国してからもほぼ毎年短期で訪問して調査を続け、その結果住民と連帯基金の職員は互いに不信感をもち対立的な関係にあるが、援助の公正性について理解を共有していること、それは社会権とは異なるイスラームに由来する権利理解にしばしばもとづくことを明らかにした。調査の結果は2本の論文（村上 2011, Murakami 2014）にまとめた。

援助の公正性についてフィールド調査にもとづき論じるという当初の目的は達成したわけだが、心に残った問いがある。それは、調査者は調査対象者にたいしていかに中立であるべきか、という問いだった。

2　支援する人／される人の壁

調査地に選んだスルタンベイリはイスタンブル市のアジア側の端に位置し、連帯基金の受給率が高い地区として知られる。手始めに、連帯基金のスルタンベイリ事務所と（支援先には連帯基金の受給者が多く含まれることから）イスラーム系支援団体に連絡すると、家庭訪問に同行させてもらえることになり、訪問先で後日個人的に話を聞かせてほしいと頼むと、さっそく何人かの女性が承諾してくれた。そこまでは順調だった。ところがいざインタビューを始めてみると、どうも手ごたえがない。

わたしがフィールド調査をしたのは、その10年前に、勤務先の研究所からトルコに2年間派遣され、語学習得と大学院の授業出席のかたわら、イズミルで縫製工場の女子労働者と性規範について調査したのが最初だった。当時はトルコ語で会話するのに精一杯で、ほかに悩む余裕がなかっただけかもしれないが、インタビューの相手から歓迎されず居心地の悪い思いをした経験はほとんどなかった。それが今回は、言葉は上達したのに話が弾まない。質問には答えてもらえても、話が発展しないのである。

なぜかはすぐに見当がついた。再訪を承諾してくれた人たちは、どうもわたしを援助機関で働くか、少なくともそこに何らかのコネをもつ人間と考えているふしがあった。インタビューを申し込む際に、援助機関ではなく日本の研究機関で働いていること、トルコの大学にも所属しており（ボアジチ大の客員研究員だった）、論文や本を書くために話を聞かせてほしいと説明した。だが援助機関の職員に同行したために、「援助関係者」の印象を残したのだろう。

わたしの聞き方も誤解を招いたと思う。基金制度は受給要件を厳格に定めず、各自治体に設置された基金に裁量を与えている。公正性や権利の理解は、制度を調べてもよくわからず、運用方法や制度を利用する人びとの行動を詳細に検討することで浮かびあがる。具体的な事例分析には、そういうわけでパズルを解くような面白さがあり、わたしは事実関係の確認にのめりこんだ。しかし、これが裏目に出たようで、ある女性に家庭訪問で何を聞かれたのか尋ねたら、「さっきあなたが聞いたようなこと」と言われてしまった。無意識に、基金職員がしたのと同じような質問を、同じような機械的な口ぶりでしてしまったのだった。

援助機関とは無関係で口添えもしないとわかると、みな一様に落胆の表情を浮かべた。日本人は金持ちだと認識されているが、個人的にお金をくれと頼まれたことはなかった。それは物乞いであり、恥ずべき行為とされる。だが、それでは別の話でもりあがるかといえば、それもなくて、早々に引き下がるほかなかった。

困窮を目の当たりにしながら手を差し伸べず、ただ話を聞かせてほしいと頼むことは正しいのか、という迷いも、わたしをぎこちなくさせた。イズミルで出会った労働者の家族は、現金収入こそ少なかったが、近郊の村に住む親族から新鮮な果物やオリーブ油が届く彼らの生活は、むしろ豊かさを感じさせるものだった。わたしは相手の負担を心配せず、遠慮なく食事の相伴にあずかった。それにひきかえスルタンベイリは、極貧ではないが余裕がない。ごみを漁ったり、子どもが靴のかわりに部屋履きのサンダルで学校に通ったりといったことを耳にし、目にするたびに、物見遊山ではいけないと気を引き締めたが、ではどうふるまうべきか、相手の負担にならず、研究者として調査対象者に金品を配ることもせず、できれば歓迎されるのにどうすればよいかはわからなかった。Tを訪問したときもそうだった。

Tとはイスラーム系支援団体の家庭訪問に同行した際に知り合い、その後、支援を頼みたいという連絡を受けた。Tには、日雇い労働者の夫とのあいだに小学生を頭に7人の子どもがいる。援助機関の人間ではないが、それでも話を聞かせてもらえるだろうかと逆に頼むと、わかった、来いという。わたしには看護師として地域を巡回し、家族計画の調査と啓発活動に従事した経験のあるトルコ人の友人がいる。Tについて彼女に話すと、すぐ食卓に出せるものを持っていけと助言された。いわく家をたずねるのに手ぶらというわけにはいかない。自分は同僚とお金を出しあい、鶏やチーズを手土産にした、という。
わたしは友人をまね、日本から持参した和紙をあしらった小さな手鏡に鶏一羽を抱えてTをたずねた。Tはそんなことしなくていいのにと型どおりの礼を述べた。少し話してから、隣家のAに呼びだされ（Aについては後述する）、しばらくして戻ると、ストーブにかけた大鍋から鶏が煮えるいい匂いがただよっていた。学校から帰った子どもたちがはしゃいでいる。その様子をTは目を細めて眺めていた。一緒に食べていけと勧めてくれるのを固辞し（そんなことをすれば、いちばん美味しい部分を全部わたしによそってしまうかもしれない）、また会いたいといって別れた。

――これでよかったのかな。

帰りのバスに揺られながらふりかえった。その日、話はあまり弾まなかった。日本趣味の手鏡には反応が薄く、鶏を差し出すと喜ばれた。だが考えてみれば、鶏はあまりにも生活に直結し、支援物資然としていた。当時は国も自治体もＮＧＯも、支援の定番といえば米・豆・紅茶・砂糖などの食糧だった。鶏はやや贅沢だが、その延長線上にある。生活必需品を差し出してよいのは、支援者か、でなければふだんから行き来し一緒に台所に立つような身近な人だろう。ほぼ初対面のわたしが鶏を抱えていけば、Tはそれを差し入れではなく支援として受けとったにちがいなかった。
鶏を持っていけとすすめてくれた友人が、看護師として地域の人びとに頼りにされる存在だったのにたいし、わたしという存在は位置づけようがなく、わかりにくい。日本人なのに慣れた様子でトルコ語を話し、貧困や援助に関心があり、援助機関の職員と同じようなことを根ほり葉ほり聞くのに支援はしないとは、いったい何者かと思われてもしかたがない。Tはそれでも（支援につながるという淡い期待を抱いたかもしれないが）話を聞きに来てかまわないと言ってくれた。それなのに、わたしのほうが身構えて、支援する人とされる人という関係の壁を築いてしまったのだった。

初めて訪ねた家で、頼んでもいないのに冷蔵庫のなかを見せられたことがある。Hとは、Tを訪ねた同じ日にAの家で初めて会った。わたしを援助関係者と思いこんだAは近所の女性を家に集め、そこに集まったうちのひとりがHだった。Hはふたりの子どもを連れて夫と別れ、清掃の仕事と篤志家からの援助で生活していた。援助機関とは無関係だが……といつもの説明を繰り返し、後日Hを自宅に訪ねたところ、いきなり冷蔵庫を開けてみせられたのだった。

冷蔵庫はほとんど空だった。援助機関はたいてい支援に先立ち、自宅を訪問して資産調査を行う。家庭訪問では台所を集中的に調べ、冷蔵庫や棚のなかまで見る。検査は抜き打ちで行われるとはいえ、あえて贅沢な食べ物を買って待つ家などなさそうだし（実際、財産隠しが横行している）、屈辱的なだけで無意味に思えるが、食べ物の有無が貧困を象徴するのか、冷蔵庫の「検分」はある種の儀式として必ず行われる。彼女が冷蔵庫を開けてみせたのは、はっきり口には出さなかったが、援助機関に関係していそうなわたしに、口添えを期待したからだった。その後も似たような場面に何度か遭遇したが、そのたびに、彼女たちが話そうとする筋書きが想像できる気がして、気持ちがしぼむのだった。

そのときは気づかなかったが、わたしは彼女たちに、わたしにはほんとうのところはどうなのか話してほしいと期待していたのだと思う。利害関係のない研究者なのだから、援助機関の職員と交わすお決まりのやりとりとは違うことを聞かせてほしい、彼らに見せるのとは別の顔を見せてほしい、と。しかしそれはわたしの勝手な期待だった。

口添えを頼まれたくらいで身構えず、援助を受けるために他人に冷蔵庫を見せたという事実を、彼女の援助観の現れとしてきちんと受けとめ、なぜそうするのがいいと思ったのかたずねていたら、わたしたちの関係に別の展開があっただろうか。

3　狭間で戸惑う

そのころわたしは聞き取りの対象を広げながら、並行して基金事務所にも通っていた。冒頭で書いたように、連帯基金の制度運用の実態について詳しく書かれた調査研究はほとんどなかったから、現場の話を聞くのはおもしろかったし、標準的なトルコ語で順序だてて話してもらえるのはありがたかった。成人してからイスタンブルに移住し、就学や就労の経験に乏しい女性は、訛りのきついトルコ語を話し（東部出身のクルド系はそもそもトルコ語が苦手な女性も多い）、しかも出身地の数だけ訛り方も違うので、聞き取りに難儀していたのである。

職員たちもわたしを歓迎してくれた。基金事務所は、カウンターの手前に待合室、奥に執務室がある。わたしが入口から待合室に入ると、執務室にいる職員が気づいて中に入れてくれる。わたしは奥まったところにある所長席のわきのソファに座って、仕事の合間に相手をしてくれる職員と話したり、所長に陳情に訪れる住民や、窓口の職員と住民のやりとりを眺めたりして過ごした。住民への聞き取りは、近づいてくる相手には用心し、近づきたい相手にはなかなか近づけず、くたびれた。その点、事務所は気楽で、いつしかバスを降りるとまず顔をだすようになった。

スルタンベイリ基金に限らないが、基金の職員は、住民にたいする高圧的な態度を非難されたり、えこひいきや不正を疑われたりと、なにかと世間からの風当たりが強い。彼らの仕事について詳しく知りたがり、苦労話を喜んで聞くわたしに、彼らがある種の職業的な仲間意識を感じたとしても不思議ではなかった。スルタンベイリでは社会的威信が高いとされる職場で働く彼らが、大学に籍を置くわたしに一目置き、歓迎した可能性もある。

スルタンベイリ基金の職員は概して仕事熱心で、制度と申請する住民、申請を審査する諮問委員会のあいだで板挟みになる苦労や、真の困窮者に支援を届ける使命感についてよく話してくれた。自分勝手な理屈をつけて援助を要求する人への対処法や、家庭訪問で申告内容の嘘を見破る方法について、面白おかしく話してくれることもあったが、そうした話は住民のモラルの低さや浅知恵を軽蔑する、悪口めいたものになりがちだった。住民の側から職員の悪口もさんざん聞いているわたしは、曖昧にうなずくしかなかった。

ある日、事務所の奥に座っていると、窓口に顔見知りの女性Cがいるのが見えた。職員が対応している。気まずいなと思っていると、Cもわたしに気づき、「ほら言ったとおりでしょ」といいたげに目で合図を送ってきた。寡婦の彼女はこれまで何度か支援を申請したが、職員は「兄弟に面倒をみてもらえ」と言ってまともに取りあわなかったという。「ほんとだね」と眉をあげてみせながら、わたしは職員を裏切ったような気持ちになった。

――まるでコウモリだな。

実は、住民と職員のどちらも知り合いという状況でやりとりを観察する機会はほとんどなかった。事務所で知り合いを見かけたのはCが初めてだったし、誰かの家にいるときに職員が家庭訪問に来たこともなかった。これはまったくの偶然だったが、わたしも鉢合わせは避けたかったので、双方のやりとりを観察したければ事務所で（知り合いが来ないことを願いながら）カウンターの奥から観察し、詳しい経緯を知りたければ住民が帰ってから職員にたずねるようにしていた。

職員と住民のあいだには明白な力関係がある。職員は、家庭訪問の調査結果を通じて諮問委員会に影響を与えることができるし、住民が持ちこむ申請書をその場で資格なしと判断し（制度的には禁じられているが）受理しないこともできる。基金の職員は、地域の事情に明るいという理由で、その自治体の住民が優先的に雇用され、スルタンベイリでも職員は近所の知り合いに便宜をはかるなど、地域住民としての顔をもつ。しかし、高校や大学を出て公職につき、住民を審査する側にいる職員と、教育や技能をもたず、審査される立場の住民は、基本的に異なるコミュニティに属している。

わたしは住民と職員のどちらからも等しく距離をとり、中立でいようと努めた。けれども、部外者として審判のような立ち位置にいられるものなのか。カウンターの奥で職員と談笑しているところを見られて、居心地が悪かったのはなぜだろう。仮にわたしがCに同行して窓口を訪れたなら、職員の対応は変わっただろうか。

短期の調査を終え帰国を翌日に控えたある日、Nから電話がきた。Nは夫と死別し、娘と暮らしている。

訛りがきつく早口で、話がよく脱線するので、わたしは何度も聞き返すのが常だった。この日はいつにも増して混乱し要領を得なかったが、どうも故郷の親戚が亡くなりバスで行き来してお金を使ってしまったということのようだった。それで基金に申請したいので口添えしてくれないかという。

当時彼女はスルタンベイリの隣のP区に引っ越していたので、P区の基金事務所に申請する必要があること、そちらには知り合いがいないので口添えできないこと、交通事故の後遺症で働けないと相談してはどうか、寡婦年金をもらっているから望みは薄いが試してみる価値はあるといったことを伝えた。だがNは、とにかく事務所に連絡してくれ、この女はほんとうに困っているとあんたが話せば信じるに違いない、と言って食いさがった。いや、スルタンベイリならともかく、P区の事務所は誰も知らないから、電話しても取りあってもらえないだろう、明日帰国するので一緒についていくこともできない、何もできなくて申し訳ないが……。Nは電話が遠いのか、怒鳴るような大声で「あんたのこと、大好きだよ」と繰り返した。面目なかったのだ、と今になって思う。

白状すると、わたしは彼女がスルタンベイリに住んでいなくてよかったと内心ほっとしていた。Nは気のいい女性で、わたしは家に泊めてもらったりしてそれなりに親しかったから、彼女がスルタンベイリの事務所に申請するとなれば、知りあいの職員に電話すべきか悩んだろう。しかし住所がP区にあるなら打つ手はない。

彼女の故郷はイスタンブルからそれほど遠くない。バス代だけでそこまで困るのかと思わないではなかった。スルタンベイリ基金の職員なら、真っ先にそこを追及するだろう。お金がないないと言いながら娘とよく買い物やカフェに出かけていたから、節約すればなんとかならないか、とも思った。それに有力者（職員と良好な関係を築くわたしは明らかにそこに含まれる）の口添えで援助が受給しやすくなるとすれば不公平ではないか。きれいごとと言われようが、そういうコネがものをいう社会のあり方に加担するのは気が進まなかった。

けれども、と思う。故郷にはNが親戚で唯一親しくしていた義姉がいたはずだ。お金がないのは、彼女のために使ったからかもしれなかった。わたしを頼ったのも、支援を申請するにはコネが必要だと思い込んでいたからだろう。制度について調べ、職員から詳しい運用法を聞いているわたしとは違い、Nは連帯基金のしくみを知らない。どうして隣の家は申請が通り、自分は通らないのか、コネや不正でしか説明しようのない世界を生きている。住民と基金職員というふたつのコミュニティを自由に往来し、暮らし向きも知っているわたしに彼女が口添えを期待したのは、自然な成り行きだった。そこを汲んで、もう少し丁寧に話を聞き、一緒に策を考えてもよかったのではないか。

4 フィールドからの贈り物

わたしは、住民にたいしても職員にたいしても中立であろうと努めた。最初は住民から援助関係者と思われないようにふるまい、やがて双方と親しくなると、聞き役に徹することを心がけた。中立性を優先したのはいくつか理由がある。

第一に、住民と職員のあいだを行き来しながら、片方からもう一方の悪口を聞かされるのはうしろめたく、せめて同調はしないでおこうとした。それぞれの言い分があるのだから、どちらかに与するべきではない、と素朴に考えたのである。

研究の進め方という点でも、片方に肩入れすべきではないと思われた。連帯基金にかんする報道や調査研究のひとつのパターンは、支援者たる政府を批判するというものだが、支援する側をひとくくりにして論じる傾向があり、住民と直接やりとりする基金職員の経験への目配りを欠いていた。

さらに、利害関係が絡むことも、わたしを慎重にさせた。仮に住民に不利なことを言えば、受給できなくなるかもしれない。逆に住民に口添えをすれば受給に有利に働く可能性はあったが、それはそれで住民から利用可能な存在とみられそうだった。だがHとの関係がそうだったように、口添えを求められるなら、そのこと自体を問題化することもできた。

最後に、当時はあまり自覚していなかったが、自分が介在することでフィールドの現実が変わることを恐れていたのかもしれない。口添えしたことで認められなかったはずの支援が認められたりすれば、何かを歪めたことにならないか。どこかでそんなふうに考えていたのだと思う。しかし当然のことながら、フィールドではいやおうなく人を巻き込み、巻き込まれる。

住民と職員の双方と話をするには中立でいる努力は必要だったし、無駄ではなかったと思う。だがその一方で、中立性を優先することで何か大切なことを見逃したのではないか、中立はお金の問題で面倒に巻き込まれないための逃げではなかったのか、という思いが残った。どちらかに肩入れせず、中立性を優先すれば、良くも悪くも相手と距離ができる。現に、Nには助言するだけで突き放してしまった。論文の材料は集まったかもしれないが、研究者として、ひとりの人間として、それでよかったのか。

中立性を優先すべきだったのか。答えはまだ見つからない。しかし、フィールドには迷いや逡巡とともに、転機も埋もれている。最後にそのことについて書いておきたい。

その後、スルタンベイリを再訪した際、お土産に化粧品やバッグをもっていき、とても喜ばれたことがある。先のAはそのひとりだった。Aはひっつめ髪に、よれて薄汚れた上衣とスカートと、見た目をかまわない印象の女性である。顔用の美容クリームや、控えめな色を選んで口紅も鞄にひそませていたが、Aには興味はなかろうとハンドクリームを手渡した。すると彼女は見たことのないような満面の笑みを浮かべ、手じゃなくて顔でもいいのかとたずねた。いいと思うよと言うと、その場で封を開けて顔に塗り、「この皺が消えるかも！」と明るくおどけてみせた。

スルタンベイリの女性に生活や支援を受けることになった経緯を聞かせてほしいと頼むと、ほぼ決まって子どもの話題になる。たとえば子どもの文房具が足りない、肉を食べさせてやれない、高校進学をあきらめさせた、といったことが生活苦の象徴として語られる。そうした語り口は、彼女たちがなにより母親として認知されているという事実と関係している。その一方で、お土産に持参していちばん喜ばれたのは、実用一辺倒の鶏や文房具ではなく、化粧品やバッグなど、個としての彼女を喜ばせるものだった。

この出来事は、彼女たちにとって貧しさとは何か、という問いをわたしたちに突きつける。飢餓はないが栄養のバランスが偏っていること。子どもを小中学校にやっても高校にはやれないこと。しかしそれだけではない。欲しいものはいろいろあるが、必需品以外のものを我慢すること。種類がたくさんあってもいちばん安いものしか選べないこと。家計を気にせず自分のために何かを選んだり、買ったりできないこと。それらひとつひとつが、彼女たちの貧しさの経験をつくっているのではないか。

わたしは知らず知らずのうちに、彼女たちの貧しさを生活必需品の欠乏に矮小化していた。思えばTとの一件もそうだった。だが母親や貧しい主婦だけではない、様々な顔が彼女たちにはあり、その全部をひっくるめて彼女たちの世界なのだった。そして、わたしはそういう世界観こそ知りたいと願っていたのではなかったのか。

ハンドクリームへの思いがけない反応に虚を突かれたわたしは、さしあたり取り組むべき援助の公正性という課題への執着から離れてAと向き合い、彼女にとっての貧しさの意味に触れることができたように思う。この経験は、のちに貧困と扶養、名誉の観念のあいだの関係性という新しいテーマを編みだすきっかけになった。研究課題とそれを遂行するための中立性という枠のなかで葛藤することは、きっと無意味ではないのだ。

【参考文献】

村上薫（２０１１）「トルコの公的扶助と都市貧困層――『真の困窮者』をめぐる解釈の政治」『アジア経済』52 (4): 60-86.

Murakami, Kaoru. 2014. "Moral Language and the Politics of Need Interpretation: The Urban Poor and Social Assistance in Turkey." *Turkish Studies* 15 (2): 181-194.

第11章

偏見を笑う

細谷幸子

フィールドでは、思いもよらないところで、差別や偏見の目を向けられたり、その場面を目撃したりすることがある。特に、病気や障害をもっている人たちを調査対象としている場合、彼・彼女らが小さな侮辱や中傷を受ける場面や、差別的待遇や偏見をもって判断されるような出来事に遭遇する。そのなかで調査者は、差別される者の痛みを知ることになる。だが、調査者が気づくのは、それだけでない。

1 「見た目」で判断される私

イランでは外国人でも女性は腕・脚と頭髪を隠す服装が義務付けられている。これは、よく取り上げられる話題なのでご存知の方も多いだろう。実際身につけると、夏場は暑いし、スカーフはずり落ちて面倒臭い上に耳が隠れて聞こえにくい。しかし、私は、調査で病院や役所、大学を訪問することが多いので、イランにいるときは、フォーマルな装いとして受け取ってもらえるよう、ゆったりしたデザインの服を着用し、スカーフは額まで隠すようぴったり巻いて過ごしている。昨今、イランの都市部ではおしゃれに前髪を出している女性も多い。そうした若いファッショナブルなイラン人女性たちと比較すると、私は宗教的な女性に見えるようだ。

私はもともと病院で働く看護師だったが、大学院でイラン地域研究を専攻することになって以来、20年あまりこつこつとイランへの短期渡航を重ね、主に病院や介護施設で調査をおこなってきた。長く通った調査地では、外国人として特別扱いされるより、なぜか掃除やら買い物やら小間使いのような手伝いをさせられることが多く、その役割を買って出れば、「その場に居て不自然でない存在」と認識されるようだった。小柄で幼く見える東アジア人の顔つきと宗教的に真面目に見える服装の組み合わせに加え、日本人が貧困者向けの介護施設や公立病院にいるはずがないという先入観から、イラン人たちは私をモンゴロイド系の外見的特徴をもつハザーラ系アフガン人だと判断していたようだった。

イラン国内に住むアフガン人はイラン人がやりたがらない仕事に従事する貧困者というイメージが強い。そのため、日本人として過ごしていると経験しないような視線や言葉をイラン人から向けられる。スーパーマーケットで万引きを疑われたこともあった（日本人だとわかって謝られた）。トイレの場所を聞いて「字も読めないのか、文盲め」と罵られたこともあった。聖者廟で金銭を恵んでくれようとした人もいた。病院の給湯室で夫が病気のアフガン人だと誤解され、かわいそうだと泣かれたこともあった。貧しい高齢の女性が、あそこに行けば無料でパンや食事をもらえるとわざわざ教えてくれたこともある。

日本製の服を着てトルコ製のスカーフをしているのに物乞いと間違われるなんて、私の顔貌が貧弱だからだろうかと卑屈な気持ちになることもあった。しかし、悪いことばかりではない。小柄な東アジア人ムスリム女性に見えるという私の外見上の特性は、ある疾患の患者を対象とした調査で、イラン社会を異なる側面から見る興味深い経験を許してくれた。２０１４年から、私はイランのイスファハンを中心に、中東に多い遺伝性血液疾患に関する調査をしていた。サラセミアとも地中海性貧血とも呼ばれるこの疾患は、日本ではあまり知られていないが、世界で最も多い遺伝性血液疾患の一つである。彼・彼女らの置かれた状況を理解するため、私はできる限り彼・彼女らと行動をともにした。そうしたところ、私も患者の一人だと扱われる、あるいは逆に彼・彼女らが日本人だと思われるという出来事が頻繁に起こったのである。

イスファハンの日常的な場面において、具体的には、サラセミア患者たちとイスファハンの市街地や他の都市を訪れたとき、周囲の人たちは私を重症型サラセミア患者と見るか、あるいは逆に彼・彼女らを日本人と見るかして、それぞれの前提で話題を進めたり、態度を変えたりした。それは、私が日本人の大学教員としてかかわるイラン人の比較的礼儀正しい態度とは全く異なっていた。

イラン人は外見に非常に気を使う人たちだ。男女とも、たとえ高価なものを身につけていなくても、清潔できちんとした身なりを心がけているように見える。また、特に女性の容姿に対しては、女性同士で非常に直接的で辛辣な意見を交わしているように思う。あの人は色黒でみっともない、あの娘はもう少し肌がきれいだったらいいのに、あの女性は鼻が小さかったら美人だったのに、スズメじゃないんだからもう少し太らないと……。逆に自分の容姿に自信がある女性もいて、苦労話の冒頭に「私がこれほど美人ではなかったなら」という枕詞が入ることもある。もし女性が別の女性から「あなたは心がきれいだ」と言われたら、それは「外見上は問題があるけれど」という言葉にはされなかった逆説こそが本意だと確信してよいだろう。

イラン人は、お金をもっている人びととして日本人を見なしているため、それなりに敬意をもった態度で接してくれる。だから東アジア系の外見に対するイラン人が見せる蔑視や偏見は、多くの日本人にはあまり痛みを伴う出来事として経験されないかもしれない。しかし、自分は自分なのに、相手の勝手な判断でアフガン難民と見られるか、サラセミア患者だと見られるか、日本人と見られるかが決まり、それによってときにお世辞だらけの言葉が、ときに侮辱や暴言が返ってくるのだとしたらどうだろうか。私がイラン人から敬意を払われているとしても、それは、私という人間に付随する様々な表象がそうさせているに過ぎない。

2　サラセミア患者の「見た目」の問題

最近イランで放送され大ヒットした連続ドラマの主題歌を歌ったことで知られるようになった、アミーン・バーニーさんというイスファハン出身の男性歌手がいる。２０００年代後半、まだ幼さが残る無名時代のアミーンさんを家庭用ビデオで撮影した映像がYoutubeで拡散され、話題になっていた。ギターを弾きながら哀愁漂う旋律を情緒的に歌うアミーンさんの声は美しく、Youtubeのコメント欄には、彼の少年のようなハイトーンの声を褒め称える言葉が並んでいる。称賛は、イランだけでなく、アフガニスタンやイラク、トルコなど隣国に住む人びとからも寄せられている。ところがそのコメント欄で、アミーンさんがイラン人かアフガン人かで論争になり、ファン同士の書き込みが罵り合いにまで発展してしまったことがある。小柄な体型と中性的な顔立ちから、彼はハザーラ系アフガン人ではないかというコメントが書かれたのが、そのきっかけだった。

アミーンさんはイスファハン出身のイラン人で、アフガン人ではない。彼の個性的な外見や声は、彼がサラセミアの患者であることを知ると納得がいく。[1] 先天性の重度な貧血症であるサラセミアは、正常なヘモグロビンが作れない病気で、この病気をもつ人は生涯にわたって定期的な輸血が必要となる。重度の貧血と、輸血による鉄分の貯留によって、頭や顔の骨の変形、低身長や第2次性徴の遅れが起こる。それが疾患特有の容貌と体格をもたらす。現在、イランに住むサラセミアの患者たちは、大きな経済的負担なく輸血や体内の鉄分を除去する治療が継続できるようになった。そのため、外見からは患者だとわからない若者が増えたが、男女ともに細身で小柄な人が多く、男性には、声が高めで体毛が少ないという特徴が顕著な人もいる。

患者のなかには、顔貌も体型も一般的なイラン人と変わらない印象で、サラセミアという病気をもつことを隠して生活している人もいれば、一瞥しただけで普通ではないと判断される外見の人もいる。ただ、典型的なイラン人に比べると鼻が小さく小柄なことから、サラセミアの患者たちは東アジア人のように見えると言われるらしい。これはイランだけに限らない。中東やヨーロッパで生まれ育った患者たちからも「日本人だと思われた」という経験談をいくつも聞いてきた。

上述したアミーンさんのように、この特徴を逆手にとって、長く伸ばした髪を結んで中性的な顔を引き立たせ、トーンの高い美声で人びとを魅了する人もいる。しかし、ひげもじゃで恰幅のいい男性が「男らしい」とされるイランで、サラセミア患者がもつ特徴は、必ずしも肯定的に評価されるばかりではない。同様に、現地の美の基準とは異なる特徴の容姿をもつことによって、辛い思いをしてきた女性患者も多いだろうと推測する。男女問わず、患者によっては変形が大きく、美醜の評価の論点というより、普通か特殊か、正常か異常かの問題として、外見からくる困難を認識している可能性もある。

外見上〈他人と異なる〉人たちは、大きなスティグマを負う。本人がそれにどう対処しているか、どれだけ強く気にしているかと関係なく、驚きの目、侮蔑の目、あるいは自分を異質な存在として位置づけるまなざしは、容赦無く、日常的に、継続的に彼・彼女らに向けられている。そして、サラセミアという病気をもつ個人を身近に知らない人びとは、その場に応じて彼・彼女らの属性を日本人だ、アフガン人だ、中国人だ、韓国人だ、病人だ、障害者だ、変な人だと恣意的に意味づけることで、外見からくる微妙な違和感に納得しているかのようだ。その一部が、イランで私自身に起こることと重なっていたのだと考えていいだろう。

3 あいまいな中傷や侮辱

ある日、私はテヘランのサラセミア協会を訪問することになり、10年以上の付き合いがある50歳代のイラン人女性と一緒に、協会があるテヘラン中心部に向かった。この女性は、サラセミアの遺伝子検査の専門家である医師のインタビューにも同行しており、病気に関する基礎的な情報は共有していた。訪問時に対応してくれたのは、協会の幹部として事務局で働く30代の女性で、サラセミアの患者でもあった。広報部の担当者が出てくる間、調査助手のイラン人女性は私に気を利かせたつもりで、この事務局の女性に質問をはじめた。あなたお名前は？　何歳ですか？　結婚はしているの？……これらはイランで女性が真っ先に聞かれる質問である。

その事務局の女性は、「私は結婚していないの、妹もサラセミア患者だけど、彼女は外見がいいので結婚したのよ。私はね、ほら……」と、暗に自分自身の容姿が人と違っていて、それは他人から美しいと褒められる類の外見ではなく、そのために結婚が難しかったことをほのめかした。初対面での慣用句的な質問に率直な答えを返され、調査助手の女性は動転した様子で言った。「何を言っているの、あなたはとっても普通に見えるわ。全然病気だなんてわからないわよ、本当にわからない」。

甲高い緊張した声の調子から、その言葉は全く逆の意味、つまり、いくら普通を装ってもあなたは他のイラン人と同じに見えないというメッセージとして、事務局の女性にとらえられたようだった。これまでも同じようなことを言われた経験があるのだろう。彼女は、かすかに眉毛を上げ、返答しない、という方法でその話題を終了した。

こうした発言は、受け取る側には不快な気持ちを与えるが、発言者には相手を差別している自覚がなく、また実際に相手を貶める言葉は含まれていないところに特徴がある。あからさまにターゲットを攻撃する暴力や侮辱と違い、こうした言葉が含蓄する否定的意味合いは、差別だと糾弾することが非常に難しい。人種的マイノリティ集団が日常的に受けている抑圧を示す「マイクロアグレッション」という概念に当てはまる行為だと言ってもいいいかもしれない。[2]

外見上の特徴は、患者本人の意思や努力でどうにかできることではない。そのため、サラセミア患者の間で、容姿に関する話題はほぼタブーとなっていたと思う。彼・彼女たちは子どもの頃から同じ輸血センターに通うので、幼なじみとして仲が良く、辛辣な冗談を言い合って笑うことや、そこにいない他の患者の悪口を言うようなこともあった。しかし、そうした会話のなかで、誰かの容姿を褒めることはあっても、けなすような表現を聞くことはほとんどなかった。私がイスファハンで重症型サラセミア患者の質問紙調査やインタビューをおこなったときも、調査助手として働いてくれた患者の一人から、「容姿についてはは触れないでね、すごく失礼なことだから」と念を押されていた。容姿ついての話題は、明示的に具体的に語られるのではなく、相手が察するべきこととして曖昧に表現された。

それに対して、サラセミアセンターで働く女性看護師たち（サラセミア患者ではない）と過ごしているときには、女性患者に対する辛辣な言葉をずいぶんと聞いたように記憶している。「あの娘は最近化粧が濃すぎるわよ。似合いもしないのに、一体何が進行中なの?」。そばにいた男性患者が「サラセミアの女の子たちは自分の外見に自信がないからどうしても化粧が濃くなっちゃうんだよ」とかばっても、看護師たちは手厳しい評価を変えようとしなかった。看護師たちは医学的にサラセミア患者がどのような状態にあるかを理解しているはずだ。だが、彼女らの言葉には、患者のくせに、普通でない外見のくせに、というニュアンスが常に伴われていたように思う。

私は彼女たちに似て見えるというだけで、実際には患者ではない。だから正直なところ、彼・彼女たちの経験を聞いても、手応えをもって理解できた気持ちになれないこともある。しかし外見に関しては、辛辣な批判が自分に向けられたように感じ、聞き流せず心に残った。年齢を重ねた今でこそ言われなくなったが、私はこれまで何度となくイラン人女性たちに美容整形を勧められていた。もう少し鼻を高くして豊胸手術を受けるだけよ、イランの美容整形は質が高いことで有名なの、安くしてくれるいい医者を知っているから紹介するわよ。そうアドバイスする側に悪気はなかった。単純に、美人には見えないサチコの人生がよくなるようにと慮ってのことだったと推測する。しかし、生まれつきイラン人とは異なる容姿なのに、それをイラン人の美醜の基準で否定し続けられるのは、苦痛が大きい。

不快になったり傷ついたりするが、相手に悪気はない。こうした扱いは、外見に関することに限らない。サラセミア患者でいることは、結構大変なことだ。「健常者」たちは、病人なんだから何もできないんでしょう? と同情したかと思うと、何でもできるくせに病気を言い訳にしてさぼっていると文句をつけたりする。健康な人より何かうまくできたりすると、病人のくせに生意気だと意地悪をしてくることもある。体調がすぐれないとわかると、皆に迷惑だから来るなと説教をしてみたり、そうでなければ、かわいそうにとあからさまに眉毛を下げて憐れんで泣いてくれたりする。

病人が貢献するなどあり得ないと思われ、仕事上の会議に呼ばれなかったということもある。怒って抗議しても、こう言われたらおしまいだ。「差別なんてしていない、そんなつもりはなかった、そんなふうに怒られるなんて思ってもみなかった、それは患者だから差別されると卑屈になっているあなたの方の問題ではないのか?」。自分は親切で弱者には優しいと思い込んでいる人こそ、あなたの行動は差別意識の表れだと指摘しても認めてくれない。そして患者は、こうした数限りないハラスメントに耐えつつ、理想の病人らしく「いつも笑顔のいい人」でいることを要求される。イスファハンの日常のなかで、私を患者の一人だと誤解してこういう態度をとる人たちがいて、気づいたことだ。

4　偏見を笑う

一方で、私と一緒に行動していたがゆえに、彼・彼女らの方が日本人だと思われたことも少なからずあった。テヘランで開催される国際サラセミアの日のフェスティバルに行くため、サラセミアの患者たちと一緒にテヘラン行きのバスと現地でのホテルの予約に旅行代理店に行ったときのことだった。

対応してくれた窓口の若い女性は、何も聞かず、瞬時に私と同行した男性患者の3人組を東アジアからの外国人旅行者だと判断したようだった。ホテル予約のため提示された私のパスポートで日本人だとわかり、その判断は確信に変わった。一人の男性患者（イスファハン育ちの生粋のイラン人である）がひと言話す度に、この女性は眉間にしわを寄せて首を振った。ついには苛立ちを隠しきれず、「外国人のペルシャ語は訛りがひどくて何を言っているかわからないわ」と吐き捨てた。

この男性患者が「僕はイラン人ですけれど」と言い返したが、それは彼女の耳に入らない様子だった。私たちはお互い目を見合わせて、とりあえずその場はチケットを購入できればいいという態度で済ませることにした。旅行代理店から外に出て、私が「はい、日本人のあなたに1枚」と冗談を言って受け取ったチケットを渡すと、彼らは大笑いしながら言った。「すごいね、僕のバフティヤーリー訛り（彼の家族はバフティヤーリー族という部族の出身）が日本人訛りに聞こえるんだってよ！」。

読者のなかには、これくらいのことで差別された、嫌な思いをした、というのは大げさだと思う人もいるかもしれない。しかし、こうした出来事は、出身国の設定が中国になったりアフガニスタンになったりしながら、否応なく、そして継続的に起こる。相手は自分の思い込みが差別的な意味合いをもつことに気づかないから、嫌な気持ちは蓄積していく一方だ。

同様の出来事は、イランだけでなく日本でも、様々な理由で異なる外見をもつ人びとに降りかかっているのではないかと思われた。では、この微妙な違和感やチクリとする痛みや怒りを除去してくれる薬はないのだろうか。

彼・彼女らと一緒にいて学んだ対処法のひとつは、それを冗談にして笑うことだ。

テヘランで、私が長期滞在時にホームステイしていたイラン人女性のお宅をサラセミア患者たちと一緒に訪問したときのことだった。次の訪問先に移動するため、マンションの前でタクシーに乗り込んだ。すると運転手の男性が、あなたを車に乗せたことがありますよ、日本人ですよね、今日はお友達とおでかけですか、と私に話しかけてきた。私と一緒にいるアミールもレザーもマリヤムも、外見から判断して日本人だと思った様子だった。その前夜、テヘランの長距離バスターミナルで乗ったタクシーのなかで、私を除いた3人はイラン人のサラセミア患者だと説明しても運転手が理解せず、通常より高い外国人料金を請求されて口論になったばかりだった。旅行会社の女性に……、昨日のタクシー運転手に……、またか、とうんざりした私は「そうです」と言って黙った。

すると、助手席に座り行き先を伝えたアミールに、運転手が言った。「ペルシャ語がお上手ですね」。

アミール「僕はイスファハンで学校に行ったんですよ」

運転手「おお、そうですか、どうりでペルシャ語が上手だと思いました！」

アミール「いえ、あの僕は」

運転手「本当にお上手ですね、驚くほどです。素晴らしいですね。ぜひ、今日うちに遊びにいらしてください。昼食をご馳走しますよ」

アミール「それはどうもありがとう、でもこれから用事があるので……」

運転手「いや〜、驚くほどペルシャ語が上手だ、何歳ですか？いつもはイスファハンに？」

アミール「はい……」

それから、運転手が自分の知り合いの奥さんが日本人で、彼女もペルシャ語を話すけれど、あなたほど上手ではないんです、とエピソードを交えながら話した。そのとき、一台の小型トラックが私たちのタクシーを追い抜いて前に出た。小型トラックの荷台から、積まれたレタスの葉がチラチラと揺れているのが見えた。

アミール「あれはなんですか？」
運転手　「え？　あれ？　あれって前の荷台の？　ええ〜っ、あれはレタスという野菜ですよ、日本にはレタスがないのですか？」
アミール「いや……」
運転手　「ないんですか、レタス。いや〜、驚いたな。それなら一度、昼食にいらしてください、絶対来てくださいよ、イランの美味しい食事をご馳走しますから!!」

後部座席に座って黙ったままこのやり取りを聞いていたレザーとマリヤムと私は、お互い目配せしながら笑いをこらえていた。タクシーは目的地に到着し、私たちは下車した。

レザー　「アミール、レタスってなんだよ、レタスって！」
アミール「いや、だって僕が何を言ったって聞いてくれないからさ。嘘は言ってないよ、嘘は」
マリヤム「確かに嘘は言ってない！」
サチコ　「嘘を言ったわよ！　日本にだってレタスくらいあるんだから！」
アミール「でも僕日本行ったことないから知らないもん。僕は言ったんだよ、イスファハンで学校行きましたって。聞く耳をもたなかったのは運転手の方じゃないか。招待を受けて昼食に行かなかっただけ善良だと褒めてよ、行ってもよかったんだよ」

罵倒だろうが褒め言葉だろうが、私たちを外見から勝手に判断し、異邦人扱いしていることに変わりはない。偏見の目で自分を見る人たちを笑うのは、現実をすっかり覆い隠している先入観を笑うのは、なんと小気味よいことか。叫んで抗議したって、どうせ相手の耳はふさがっている。だから、さりげなくささやいて、差別する側が気づかない文脈を冗談に変えて、思い込みで自分を見る相手の視線を遮る。そこにも、十分に抵抗する力がある。

そういえば、イスファハンで調査を始めたばかりの頃、サラセミア患者たちとの初対面の会話で、「大変な病気ですよね」と問いかける私に、彼・彼女らは次のようなことをちょっと得意そうに言った。

「僕は子どもの頃から両親にも祖父母にも早死にする子だと言われてきた。今、彼らは全員死んだけれど、僕は死なず、50歳を過ぎてもまだ生きているんだよ」

「2011年の津波（東日本大震災）は大変でしたね。あの震災の直後に予定されていた京都の学会は多くの外国人が原発の被害を恐れてキャンセルしたけれど、私は行きましたよ。私はサラセミア患者だから（どうせいつも早死にすると言われているので）、今さら放射能汚染など怖くないんですよ」

サラセミア患者たちは、外見が異なっていることだけでなく、寿命が短いという偏見の目に常にさらされている。上記の二つは、短命だと決めつけられる自分の病を、自虐的な冗談にした言葉だ。他ならぬ私も、その偏見をもってインタビューに臨んでいた。サラセミアの病態を勉強して知った気になり、目の前にいる人も、医学論文や教科書に書かれている数々の重篤な合併症をもつ患者だという思い込みをもって接していた。そんな私に対して、自分の命をジョークにしてつぶやいたのだ。不意を突かれ、どう反応していいものかと戸惑う私を、彼・彼女らは、あのときもいたずらっぽい顔で笑っていた。ちょうど私たちがタクシー運転手を笑ったように。

【注】

1 インタビュアーに「とても33歳には見えないですね」と言われ、アミーンさん自身がそれは自分がサラセミアの患者だからだと病気について説明している（Shab-e Siyāh, https://www.youtube.com/c/TVZonePlus, accessed 2021/Feb/19）。

2 興味のある方は、金友子（２０１６）「マイクロアグレッション概念の射程」（『生存学研究センター報告』24: 105-124.）がわかりやすいので参照されたい。

第12章

感情の荒波を乗り越える
――調査日誌の読み直しから

岡戸真幸

私のフィールドノートには、丹念に記録した論文用の情報の合間に、調査をした相手との間にあった事柄が書かれており、その時々の感情が書かれている。これらの感情は、ノートを読み返すことがなければ埋もれていくままであり、論文に活かされることがほとんどないが、私と調査の対象者をつなぐ線であり、たとえ否定的な感情であっても押しとどめるのではなく、乗りこなすべきものであった。私は、それを「船を作る」と表現し、感情の荒波と向かい合おうと考えた。

1　ノートに書く

私は長年、エジプトの地中海に面した港湾都市アレクサンドリアを拠点に、上エジプト（ナイル川の上流に位置するエジプト南部）農村出身者を対象に、農村と都市の間、あるいは都市のなかで彼らの人間関係がいかに作られているかについて人類学調査を行ってきた。調査では、建設現場で働く労働者や、都市で生まれ育ち、働くが、上エジプト農村出身の親族との関係を保つ者など、様々な階層にいる者と接し、彼らの日常生活を観察した。

出会った者に対しては、私が知りたい事柄の背景についても理解するために、時間をかけてつきあい、相手の生活や人間関係を見せてもらうようにしている。ただし、調査対象者の日常生活は多様な事柄と関連を持っているため、私は、調査とはほとんど関係のない事柄に時間を使ってしまう場合も多かった。彼らとは、楽しい話題で盛り上がる場合もあるが、ちょっとした行き違いでけんかしたり、いらだったりする場合もある。２００８年に始めた2年間のエジプト現地調査も終盤にさしかかっていたある日のフィールドノートには、当時の自身の心情を物語る次のような記述が残されていた。

心に波風が立つ日が多いが、防波堤を作るのではなく、それ［注：波風］を乗り越える船を作るべきだと思った。（2010/03/04 のフィールドノートより）

この日、私は、調査でお世話になっているマフムード氏（仮名、詳細は後述する）に、日本から来る人に頼んでまで持ってきてもらった湿布薬をサイズが小さいからと返され（彼いわく、「大きく患部を包み込むようなものでないと、効果がない」とのことで、並べて貼ったらという提案は却下された）、さらに私が買った上エジプト出身者がよく首にかける白地に模様の入った布のマフラーを、彼自身がガラベーヤ（図1）を着る際に身に着けるため、借りたまま返さないだけでなく、模様が気に入らないとか私が買った値段が高かったと文句まで言われるなど、些細なイライラを積み重ねていた。

湿布薬が欲しいという彼のためにわざわざ人に頼んだ苦労が思い出され、また自分が気に入っていたマ

図1　上エジプト式のガラベーヤ

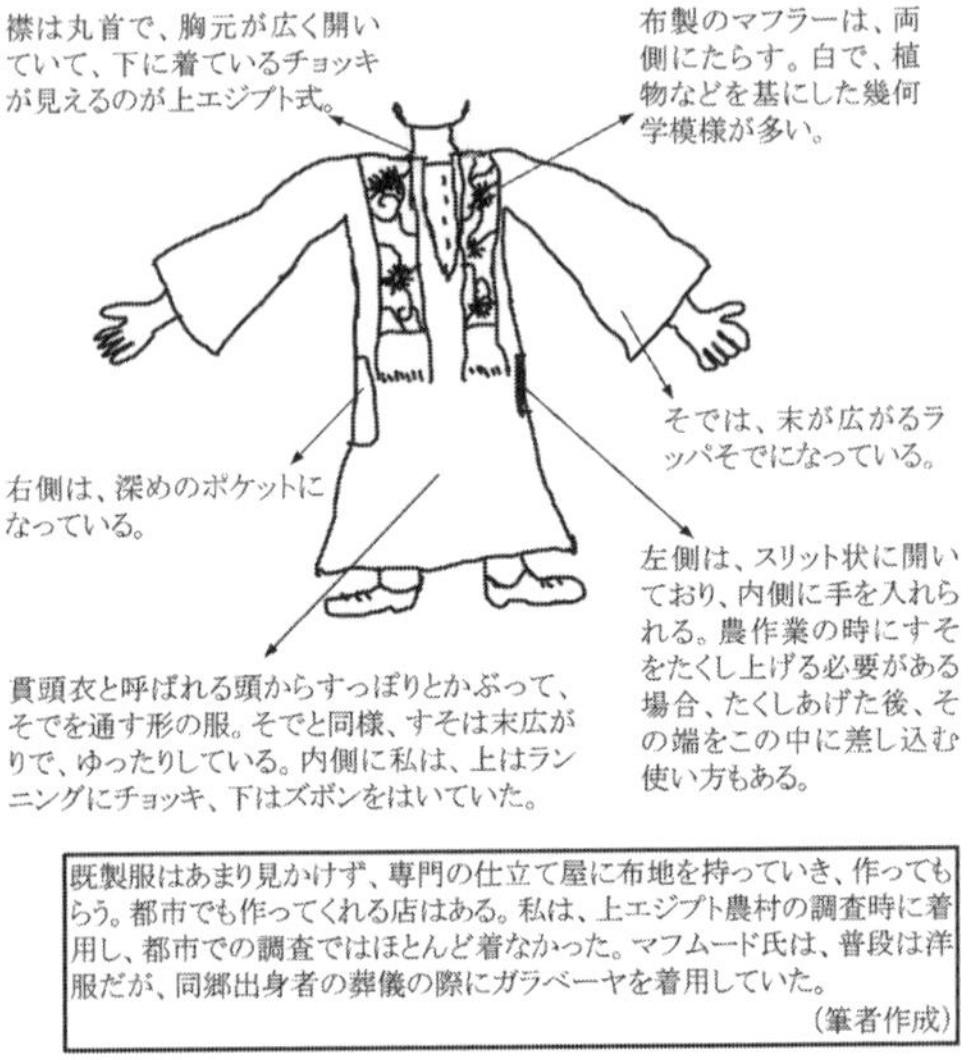

襟は丸首で、胸元が広く開いていて、下に着ているチョッキが見えるのが上エジプト式。

布製のマフラーは、両側にたらす。白で、植物などを基にした幾何学模様が多い。

そでは、末が広がるラッパそでになっている。

右側は、深めのポケットになっている。

左側は、スリット状に開いており、内側に手を入れられる。農作業の時にすそをたくし上げる必要がある場合、たくしあげた後、その端をこの中に差し込む使い方もある。

貫頭衣と呼ばれる頭からすっぽりとかぶって、そでを通す形の服。そでと同様、すそは末広がりで、ゆったりしている。内側に私は、上はランニングにチョッキ、下はズボンをはいていた。

既製服はあまり見かけず、専門の仕立て屋に布地を持っていき、作ってもらう。都市でも作ってくれる店はある。私は、上エジプト農村の調査時に着用し、都市での調査ではほとんど着なかった。マフムード氏は、普段は洋服だが、同郷出身者の葬儀の際にガラベーヤを着用していた。

（筆者作成）


フラーをなかなか返してくれないことがいつまでも頭から離れず、いらだちはさらに膨れ上がった。だが、いらだちの感情は、押しとどめるのではなく、感情の荒波をむしろ軽やかに乗り越えたらよいのでは、とふと思えるようになり、それを前述のように「船を作る」と表現したのである。それまで同じような状況で似たようなことを漠然と思うこともあったが、このときはたまたまこの感覚をノートに書いておいたら、楽しい話題になるに違いないと考える余裕があった。

　結局、湿布薬は、そのとき話を聞いていたマフムード氏の友人たちが、代わりに欲しいともらってくれた。彼らは、私が以前にあげて、その効能を知っていたのである。また、布のマフラーは、借りた本人が他の人から持ち主をたずねられ、私のものであるとはっきり言ったことを聞けた。湿布薬が片付き、マフラーについては、本人の認識を確かめられて、「溜飲が下がった」とノートに走り書きをしているうちに落ち着いて考えられるようになった。この日のノートをまとめた日誌には、調査で得た情報を整理するとともに、この日のいらだちに触れ「過ぎればよい思い出」と書き留めた。ただし、いらだちの原因は、相手の対応だけでなく、相手に対してどのようにふるまったらよいかが定まらない自分自身に対してもあったように思う。

感情は、相手を知り、興味をもつなかで育てられるものである。相手への理解は、やがて共感にもなるだろう。冒頭のノートの記述は、単なるその日のいらだちを解消しようとしただけではなく、日常的に培ってきた現地での人間関係を自分なりに消化しようとして出てきたのである。この小文では、フィールドでの日々を振り返り、自らの感情を織り交ぜ、現地で私が関わってきた人びとどのような関係を築き、何を感じ、どのように行動したかを、マフムード氏をはじめとする現地の人びととの関係も含めて記述していく。

2 マフムード氏とワヒーブ親方との関わり方

現地に何回も訪れる中で、親しくなった者たちのなかに、冒頭で紹介したムスリムのマフムード氏がいたが、彼は私のことを「イブニー（私の息子）」と、また、彼の息子は「アフーヤ（私の兄弟）」と呼んでくれた。同様に、私を「アフーヤ」と呼んだのは、出稼ぎ労働者の調査で知り合ったワヒーブ親方（仮名）というコプト派キリスト教徒（以下、コプト）の現場監督だった。彼らと日常的に行動をともにし、私は、彼らの家族・親族、友人関係を紹介してもらっている。

彼らとは私が上エジプト出身者の家族や故郷に由来するつながりについて調査する過程で関わっていったが、私は、彼らが信仰する宗教を特に考慮しなかった。ムスリムが多数派ではあるが、家族・親族観が大幅に異なるわけではないと考えている。その結果、地方に出自をもつ者たちが自発的に相互扶助を目的に結成する同郷者団体の調査では、マフムード氏や彼の同郷の友人たちを中心とした、ムスリムの団体会員とのつきあいが多くなった。一方、出稼ぎ労働者の調査で出会った人びとは、ワヒーブ親方の家族・親族や同郷の者などの大半がコプトであったが、わずかに彼の同僚にムスリムもいた。

マフムード氏と初めて出会ったのは２００６年だが、ワヒーブ親方とはその1年前に出会っている。両者とのつきあいから、私は、マフムード氏から得た情報を同郷者団体に関する論文（岡戸 2015）にし、その前にワヒーブ親方から得た情報を出稼ぎ労働者に関する論文（岡戸 2008）にしてきた。両者との関係は論文をまとめた以降も続いている。

２００８年からの長期調査に行く直前に、出稼ぎ労働者に関する論文の最終校正を終えた私は、新しい調査では、同意を得るのに時間がかかった同郷者団体に時間を割こうと考えていた。また、２００８年に結婚したワヒーブ親方とは、独身時代とは生活も変わるだろうし、関係の節目を迎えるだろうと思っていた。実際、結婚が決まってから結婚初期までの期間は、彼となかなか会うこともできず、会った後でも、私が彼の家族・親族成員や友人と話している間に気づくといないこともあった。出稼ぎ労働者については論文にまとめたため、同郷者団体調査に移るよい機会とも考えられた。だが、私は、ワヒーブ親方と築いてきた関係を、本を閉じるように終えてよいのだろうかとためらいを覚えたのである。また、結婚した彼が子どもをもつようになり、お互いに年を重ねるなかで、私と相手に訪れるだろう様々な関係性の変化を、経年で追ったらどのような経験が得られるかについて興味があった。それにもかかわらず、同郷者団体の調査が軌道に乗るにつれ、私は、マフムード氏や彼の友人たちに時間を割くようになり、ワヒーブ親方へ連絡しなくなっていった。

ところがある夜、マフムード氏や彼の同郷の友人たちと海沿いのアホワ（喫茶店）で、夜風にあたりながら時間を過ごしていると、突然、ワヒーブ親方から電話がかかってきた。着信を見た瞬間から、私は、連絡を怠っていたことへの気まずさを感じた。電話越しに「（連絡がないことに）怒っている。もう、私のことを忘れてしまったんだ。ワヒーブは、大切じゃないんだ」と言われ、私は、自らのためらいにもかかわらず、安易に彼との連絡を怠ってしまったため、うしろめたさを感じた。マフムード氏たちに見られ、会話を聞かれながらも、私は、慌てて取り繕い、翌日に会おうととっさに約束を取り付けたのだった。翌日会ってみると、ワヒーブ親方は特に怒っているようには見えず、私は安堵したが、以降、定期的に連絡し、彼と会うように努めた。彼とは調査初期からのつきあいがあり、彼が私のことを「アフーヤ」と呼んでくれる親近感を私も彼に感じていたため、私は、彼との関係を維持する道を選んだのである。

従って、調査における1日は、マフムード氏が同郷の友人たちと会い、朝食をともにする場合もあるため、午前中に彼と会い、夕方、同郷者団体の事務所が開くまでの時間か、場合によっては同郷者団体が閉まった後に、ワヒーブ親方の都合がつけば彼に会うようにした。ワヒーブ親方は宵っ張り、マフムード氏は朝型だったため、こうした調査が可能になったが、帰宅してからその日の日誌をまとめる作業がつらい日もあった。両者はお互いをわずかに知る程度であり、私は、それぞれとの交流を隠そうともしなかったが、積極的にお互いを引き合わそうともしなかった。それは、お互いの宗教観の違いを考慮した上でのことだった。

当時、ワヒーブ親方に対する明確な調査意図は定まっていなかったが、このときに関係を継続できたおかげで、その後に貴重な出会いがあった。一つは、アレクサンドリアでも働いていたが、その後リビアで2011年の革命以降も継続して出稼ぎを続けていた彼の弟や親族の労働者が、カダフィー政権崩壊後の動乱から逃れて帰ってきた際に話を聞けたことである。そして、2014年から研究の拡大を意図してクウェートでの出稼ぎ労働者の調査を始める際には、彼のイトコ（父方オジの息子）を紹介してもらえたのである。また、2008年に出した論文の内容を再確認する機会も得て、ワヒーブ親方との関係にも触れた出稼ぎ労働者たちの「生活誌」を執筆する動機につながった（岡戸 2012）。

パレスチナ系アメリカ人の人類学者ファルハ・ガンナームは、首都カイロで行った調査に基づき執筆した2冊の著作で、アブーホスニーという調査に協力してくれた男性との出会いから、彼が老いて死ぬまでを断片的に描いている（Ghannam 2002, 2013）。特に、男性がいかに生き、死ぬかを描いた2冊目の著作では、彼は重要な位置を占めている。長期にわたり、調査地で出会った者の人生に寄り添うことは、新たな気づきを生み、思ってもみなかった方向性が開ける場合もある。恐らく、ガンナームも、長年繰り返してきた現地滞在において、調査をしてきた者たちの経年での変化を感じ取ったに違いない。ワヒーブ親方の電話は、私に彼との関係を続ける機会を与えてくれたのである。

一方、調査当時60代だったマフムード氏は、奇しくも私と同じ年の息子をもつだけでなく、彼自身が私の父と同じ年でもある。彼から「イブニー（私の息子）」と呼びかけられ、彼の友人も私に対してマフムード氏を「アブーク（あなたのお父さん）」と呼ぶようになり、マフムード氏との関係を疑似的な親子のように感じるようになった。彼は、都市で生まれ、教育を受け、働いてきた人間であるが、父親の出身地である上エジプトの土地を頻繁に訪れ、その地に住む親族との関係を維持していた。彼が、なぜ上エジプトへの関心を持ち続け、同郷者団体を運営するのかについて、私は興味を持った。それは、彼の人生に触れることであったが、行動をともにする機会が増えるにつれ、彼が敬愛する父親が上エジプト出身者とのつながりを大切にし、その故郷の名が付いた団体が都市にできたことをとても喜んだことなどを語ってくれるようになった。

またマフムード氏には、同郷者団体の調査だけではなく、彼が頻繁に参列する追悼式にも同行した。追悼式とは、夕方から故人の家族・親族成員が中心となり、哀悼の意を捧げに来る者に対応する場である。

亡くなった者の埋葬は、道中で葬儀の礼拝のためモスクに立ち寄り、人びとが遺体に墓地まで付き添う形で昼間に行われる。マフムード氏は、同郷の者が亡くなると埋葬や追悼式に参列し、哀悼の意を捧げ、宗教的な話をする場合もある。彼は週に何回も他の同郷の友人たちと追悼式へ参列するため私も興味を持ったのだが、同行した結果、その参列が、彼が都市で自身の出自とかかわる者たちとの関係を継続するために重要な役割を担っていると理解できた。詳しくは別稿に譲るが、追悼式に参列する行為は、親しい者の死という喪失に共感を示し、悲しみに寄り添うため、感情が人間関係を構築する事例となっていると考えられる。そのため、マフムード氏とともに多くの追悼式に参列し、式で同郷者団体の会員たちと顔を合わせるようになると、別の機会に彼らと会ったときに、距離を縮められたように感じた。

マフムード氏のような上エジプト出身者にとって、よい追悼式とは、故人やその家族・親族成員のために哀悼の意を捧げに訪れた多くの参列者で会場が埋まる状況を指す。また、生前の故人のふるまいや故人の家族・親族成員の行いの良さは、参列者の多さと結びつく。繰り返し参列する追悼式の経験は、死を身近なものと捉え、いずれ自分が亡くなったときに行われる式に思いを馳せ、人生の最後のあり方として自身の行いを顧みる機会であったように思われる。マフムード氏とて例外ではない。そのため、死を悲しむ者には「死は誰にでも平等に訪れるものである」との慰めがよくかけられるが、2014年にエジプトを再訪したときに彼から「次におまえがエジプトに来たときには私はもういないかもしれない。私が死んだら、墓前でクルアーンのファーティハ（開扉章）を読んでくれ」と言われたときには、予期していなかった別れをつきつけられ、人目をはばからず号泣した。

3 フィールドで経験する戸惑い

エジプトにおいて、私の宗教は何かと聞かれれば仏教だと答えてきたが、私は特に信仰心が篤いわけではない。マフムード氏とワヒーブ親方との関係を継続し、彼らを理解するためにそれぞれの宗教に興味を示しもしたが、どちらかへの改宗を考えたこともなかった。例えば、ムスリムの宗教行事のなかでラマダーン月の断食だけは、ムスリムであるマフムード氏などの同郷者団体の会員の生活と深い関わりをもつため、彼らを理解し、自らの経験にもなると考え行った。コプトのワヒーブ親方は、コプトとムスリムの断食方法の違いもあり、私の断食に腹を立てたが、調査のためだとの説明に一応の理解を示してくれた。彼は、ややあきれた顔で私を見て、「好きにしなさい」と言うにとどめたのである。両者と等しい関係を保つ上で、ワヒーブ親方との関係からムスリムになるという考えはなく、マフムード氏との関係においてその逆もしかりであった。両者から改宗を勧められても結局、私は、エジプトではなじみの薄い仏教を信仰するという立場をとり、彼らとかかわる方がよいと考えたのである。

マフムード氏は同郷の友人が経営する家具店に日常的に訪れるため、私もその店に通い、店主や彼の兄弟、親族や従業員ともよく話すようになった。この家具店には、同郷者団体の調査において、会員の日常生活を知るための拠点として、マフムード氏がいないときでも頻繁に立ち寄っていた。ラマダーン月での断食明けの食事であるイフタールを彼らとともにしていたが、断食は、ムスリムになることと対であると考える者は多かった。マフムード氏や彼の友人たちは、私の断食を喜び、私にクルアーンを度々読ませるようになった。調査のためであったが、当時のフィールドノートには、「イスラームに興味を持ち始めたかと思う向こうの方が正常なのかもしれない」とあり、信仰心ではなく経験したい気持ちだけで断食を続けてよいのか自分でも悩む心情が繰り返し書かれている。

2007年からの3年間は、毎年11日前にずれるイスラームのヒジュラ暦にもかかわらず、現地調査時期（8~9月）とラマダーン月が重なったので、マフムード氏たちとの関係を深め、断食を行う彼らに敬意を払う意味で断食し、イフタールをともにした。ただし、2007年のラマダーン月には、まだワヒーブ親方との調査も残っていたため、昼間に彼や他の労働者たちに会って食事やお茶をともにする機会もあり、コプトである彼らになぜ自分が断食をしているか説明が困難だと感じ、断食をやめることもあった。私は断食の経験によって、飢えと渇きについて幾分か理解できた。飢えはまだ我慢できるが、渇きは、慣れるまで耐えがたいものになる。断食の初期は、夜間に水分をしっかり取っておかないと、昼間にとても苦しく感じ、水についてばかり考えるようになり、動きが緩慢になった。いつでも食べられ、飲める環境にない者の気持ちを理解し、富める者が貧しい者に手を差し伸べるべきであると、ラマダーン月の経験から実感できたのである。

マフムード氏たちとの関係が深まるにつれ、私がムスリムではないことへの不満を度々彼らから聞かされるようになった。彼らが改宗を勧める理由の一つは、仏教が火葬をするため、私が仏教徒のまま亡くなったら、燃やされてしまうと考えるからである。火は地獄を連想するだけでなく、彼らは天国に行けるのはムスリムだけであると考えている。また、ムスリムが土葬にするのは、終末の日に神の裁きを受けるために甦ると考えるからである。彼らは、その身体が燃やされてしまうことへの抵抗感をもつだけでなく、火葬がどのようなものか想像がつかないようで、遺体を炉に入れた後、引きだしたときに生焼けだったらもう一度焼き直すのか、などと私に問うた。

エジプトに行くまで信仰について考えてこなかった私に改宗は重い話題であり、主たる生活の場ではない調査地で解決すべき問題とは思えなかったが、家具店の店主の兄弟に「神を畏れるべきである」と言われ、彼らの生き方や信仰には真摯に向き合わなければと考えた。家具店の店主は、私に対して自らを「ハーラック（あなたの母方オジ）」と名乗ってくれたが、なかなかムスリムになると言わない私に、誰かが改宗を迫るようなことがあれば「向かっているところです」と答えなさいと助言してくれた。彼の助言は、学んでいる途中です、という意味だと思われる。ただし、「向かっている」という言い方には方向性があるが、私は、知識と経験を求めた後に、どうしたいかを漠然としか考えていなかった。

4　自らの立ち位置を考える

男性とは何かという問いは、自らがいかにふるまうべきかとの兼ね合いで、宗教よりも考えさせられた。少なくとも調査地では、男性とは所与のものではなく、示すものと考えられているようであった。こうした価値観は、男性が性的な意味も含めて活力に満ち、ときには暴力性も帯びた力強さを象徴し、さらに家族を養う経済力も求められる存在であるという、男女である程度共有できる考えを反映している。そのため、家族にまつわる話題は、男性性を示す絶好の機会になる。マフムード氏は、初対面の者に会うと自分の子どもの数と、息子も娘も結婚させたという話をする場合が多い。また、ワヒーブ親方は、結婚後、妻の妊娠がわかったときに、電話をかけてきて「私は男だ」と喜びを表現した。いずれも男性としての務めを果たしていると訴えているのである。

男性は、「若者」であるうちは力強さや冒険心を示すだけでよいが、年を経るにつれ、結婚をし、家庭を持ち、子どもをもつという男性像を、家族・親族、友人から期待されるようになる。20代が終わり、30代に入ると、私も「若者」としては見られなくなっていき、現地の文脈に則った男性の規範で見られるようになった。私は、独身であったため、日本からエジプトに来るだけの経済力がありながら、結婚しないことに疑問を持たれる場合が多かった。また、日本にいる私の父が結婚の手助けをなぜしないのかを度々尋ねられた。こうした疑問は、お金があればまずは結婚すべきであり、冒頭のマフムード氏の例にもあるように、父親は子どもの結婚を助けるものと彼らが考えているからである。

また、子どもをもつようになると、その子の名前を取って男性なら「アブー誰々（誰々の父）」、女性なら「オンム誰々（誰々の母）」と呼ばれるようになる。新たな呼称はその者の社会的な立場の変化を表し、その意味で結婚は、社会的地位の確保につながる役割をもつ。呼ぶ側にとっても、この呼称は、自身が本人だけでなくその者の子どもの名前も知っていることを示し、相手との関係性を他の者に伝える役割を果たしている。もちろん、エジプトには経済的理由などで独身男性は一定数存在するため、結婚しなければ男性とみなされないというわけではない。

結婚を軸に男性性を示すあり方とともに、男性同士のつきあい方に、私は戸惑いを覚えた。エジプトでは、男性同士も出会ったときに両頬にキスをする挨拶があり、男同士で腕を組み、再会を祝すなどの機会に抱きしめ合う。特に自身の立場が上で庇護する対象とともにいる場合、その者は、周りに自分と相手の関係を示すために、相手の手を握ったり、自身が腕で作った輪に相手の手を通す形で腕を組ませたりする。男性同士の身体的距離は、とても近い。マフムード氏やワヒーブ親方とも、手をつなぎ、腕を組んで歩いたが、なかなか慣れなかった。

また、親密さや愛情を表す言葉は、男女区別なく使われる。マフムード氏やワヒーブ親方が私に対して、親しみと好意を持って使う言葉は、女性に対しても使われるのである。男性同士が使うことも日常的にあるため、私も彼らに対して同様の言葉を使っていた。日本では適度な距離感を保ち、異性に対してしか愛情表現をしてこなかった私は、言葉以外にも、握手をした後に、挨拶として両頬にキスをするべきかに迷い、なかなか彼らの親しみの表現を自然にできなかった。相手との接触に対する戸惑いに加え、相手の好意をどのように受け取るべきかは、現地の文脈に沿って頭のなかで整理する必要があった。たとえば、同じ言葉でも、異性に使えば「愛している」を意味するが、同性に使えば「好感（親愛の情）がある／慕っている」を意味するのである。

自分を男性と規定し異性愛を前提とした上で、男性同士の親密な関係が構築されている。つまりそれは、互いが男性であり、相手もそう思っているという暗黙の了解の上で成り立っている親しみの表現だったのだと思う。そのため、私は、つきあいの浅いエジプト人から、ふざけて「エンティ（女性に向けて使う「あなた」の意）」と呼びかけられ、女性扱いで話しかけられると、男性である条件を自分が満たしていないと言われているようで激しい怒りを覚えた。だが、その怒りは、どうしたら「私は男だ」と現地の文脈で納得させられるのか解らなかっただけでなく、自分は相手が呼びかけるような女性でもないために、困惑へと変わっていった。私が現地男性と接し、彼らに親密な言葉を使うとき、私はどのような意味で「男性」であったのだろうか。

先述のように、エジプトでも必ずしも全ての男性が結婚できるわけではない。ただし、そうした独身男性は、父系出自社会である同国において、自身の兄弟姉妹の子に対して、彼らの父親の兄弟、つまり父方オジとして、父親と同様の立場から、経済力を頼りにされたり、相談事にのったりして、男性であると示す機会を持っているようにみえた。どちらも父親の役割の代替になり、また、経済力の提示は、男性の美徳の一つである気前の良さともつながる。調査地で出会った人びとは家族や親族、姻戚同士の交流を頻繁に持ち、広い人間関係を維持していたが、独身男性は、その関係の輪に居場所を持てたのである。

また、調査地で見てきた男性は、自身が男性であると主張する際に、妻や子どもの話題を出して、彼らとの関係から説明しようとした。彼らは、自己を家族のつながりのなかに位置づけて、それを基盤にさらに他者との関係を構築する。つまり、男性であるかどうかは、彼個人からではなく、彼が持つ社会関係から判断するのである。結婚しておらず、現地の独身男性のようなつながりも持たない私は、現地の文脈に沿って男性であると明確に示す方法を持たなかった。

個人から家族・親族への広がりは、都市のなかでも出身地が同じであるという地縁にもとづく「上エジプト出身者」という関係とも結びつくが、同じ宗教をもつ者同士に限られる。そのため、同じ「上エジプト出身者」であるマフムード氏とワヒーブ親方の持つつながりは、宗教を超えて交わることはほぼない。ひるがえって、私は、宗教も含め、現地とのいかなるつながりも持っていなかった。そのため、マフムード氏やワヒーブ親方は、それぞれ自身の持つつながりとの接点として、私との関係を疑似的な家族用語で表現しようとしたのだろう。そこには、私の不安定な立場を、彼らなりにつなぎとめようとする意図があったのかもしれない。

5　船を作る

マフムード氏たちやワヒーブ親方との関わりから感じる戸惑いやいらだちの経験は、私が行おうとした調査で想定していなかったできごとだった。冒頭で挙げた「波風」は、日常での些細なできごとに対してうまく処理できない感情の蓄積を表現していた。だが、彼らとかかわる時間が増えるにつれ、私は、調査の対象者が意志を持った生身の人間であり、知りたい言葉だけを取り出して引ける辞書ではないからこそ、「波風」が起こるのだと思うようになった。その結果、私が彼らから引き出せる言葉は、私と相手がどのような関係を築いてきたかによって異なるだろう。

調査地での戸惑いやいらだちは、私と彼らの考え方に違いがあるからこそ生じるのであり、やがて彼らを理解するための気づきへとつながっていった。理解できないと思うからこそ、そのときはいらだつのであるが、理解した振りをして「波風」を立てないよりは何にいらだったかを考えた方がよい。喜びだけでなく、戸惑いやいらだちといったものであったとしても、感情を湧かせる沸点を低く保ち、フィールドでは、「波風」を起こす感情に向き合ってみるのである。「船を作る」という表現には、その感情を乗り越えて、または感情を帆に受けて進み、ときには向かい風にも斜めに切り上がれるような気持ちをもつべきだとの考えがあった。帆船は、風を動力にし、凪では進まないのだ。それから、私の感情とともに、調査地の人びととの感情の接点がどこにあるかを探る必要もある。その接点は共感につながるに違いない。

フィールドワークは常に順風満帆であるとは限らない。苦労は、外国人の「お客様」から彼らの「仲間」に変わる過程なのかもしれない。その過程を理解するためにも、フィールドノートや日誌には、自分の感情を率直に書いておいた方がよい。論文にできる情報を整理するよりも、感情の整理には時間がかかる場合もあるが、感情の記述は、自らを振り返り、次へと進む糧になるからである。

【参考文献】

岡戸真幸（２００８）「アレクサンドリアの上エジプト出身建築労働者による社会的ネットワーク形成——拠点としてのアホワ（伝統的喫茶店）を中心にして」『日本中東学会年報』24 (1): 45-73.

——（２０１２）『エジプト都市部における出稼ぎ労働者の社会的ネットワークと場をめぐる生活誌　上智大学アジア文化研究所 Monograph Series No.9』上智大学アジア文化研究所。

——（２０１５）「エジプト都市部で同郷者団体が果たす役割と意義——アレクサンドリアのソハーグ県同郷者団体の事例から」『日本中東学会年報』31 (1): 29-62.

Ghannam, Farha. 2002. *Remaking the Modern: Space, Relocation, and the Politics of Identity in Global Cairo*. Berkeley: University of California Press.

——. 2013. *Live and Die Like a Man: Gender Dynamics in Urban Egypt*. Stanford: Stanford University Press.

第Ⅲ部

関係が続く／を終える

第13章

フィールドとの往来のなかで時間を重ねること

植村清加

フィールドワークのメインは調査にあるが、実際にはそこで暮らすことと分けがたい営みである。パリ地域の移民出身者たちのフィールドでも、調査と生活は対象としても実践としても重なり合っていた。日々の暮らしには、調査者を含めそれぞれの人を取り巻く多様な場の文脈や関係性、それら複数の場が連なりながら生きられる様態が見える。それは様々な形でのカテゴライズに抗う視点を学ぶ場でもある。往来の時間を重ねると、互いのライフステージや居方、見方も変わっていくが、そこにはまたフィールドの新たな顔を発見するプロセスがあるのだ。

「今年は、あなたが来る時期に私も休暇をとるわ！　アルザスにいる友人を紹介したいんだけど、どう?」というメールが届いた。以前より短くなったフィールドワークの時間をどう組むか悩んでいた私は、正直なところ困った。送り主は長年調査に協力してくれているFだ。彼女は、幼少期に両親とともに渡仏し、アルジェリア系移民の娘としてパリ郊外で暮らしてきた人だ。記憶に長け、様々な世代の人びとを知っていること、何より住居探しに難航していたときに私を居候に迎え入れ、フィールドへの導き手として、対話者として、様々なかたちで関わりをもってきた重要な人物だ。

私は、2001年からフランスのパリ地域のマグレブ系移民の人びととの生活の場で断続的にフィールドワークを続けてきた。早くから移民政策をとったフランスには、その植民地だった歴史をもつマグレブ諸国（アルジェリア・モロッコ・チュニジア）にルーツをもつ多くの人びとが住民として暮らす。私は、彼らが都市のなかでどのような生活を送り、日常的な人間関係やそれらを取り結ぶ場をつくりだすのか、またそれによってどのようにフランスの都市・地域が再編されるのかに関心をもってきた。

フィールドワークは一義的には人びとの生活を調査することを目的にするが、同時にそこで自分自身の生活も組み立てながら営まれる。なかでも、居候というスタイルで現地の日常生活に身を置くことは、文字通り他者と暮らすことであり、私が他者と暮らすということは、相手もまた私という他者と暮らすことを意味する。調査を進める上でも、調査中の自分の時間としても、ある程度の隙間や余白は欲しい。でも、居候という形で誰かの傍に身を置くからこそ、その暮らしの多面性に触れることができる。

調査を始めた最初の約5年間、20代だった私は、3〜6カ月単位の調査を繰り返した。それは、まさに一定期間そこで暮らすことでもあった。しかしその後、日本で結婚、出産し、ほどなく就職すると、家族との予定調整、仕事や他の研究プロジェクトとの関係で調査に出る時期は著しく限定された。往来は数年おきに、滞在日数も大幅に圧縮され、その制約のなかで一定の活動をするものになった。生活するフィールドワークが「第1章」だとすれば、断続的で圧縮された往来は「第2章」になるだろう。ここでは、そうした二つの章における私のフィールドとの往還を、調査と生活の重なり合いから点描する。

1　遍在するパリ地域のフィールド

私がF宅に居候しはじめたのは、偶発的なものだった。私の調査地は、パリ市内や、パリ近郊、特にオー・ド・セーヌ県内の北西部や南部に点在するマグレブ系の人びとや彼らが集まる場、アソシエーション等である。地下鉄やRER（パリと近郊を結ぶ高速鉄道）で移動するのが常態だ。パリ中心部からバスとRERで40分ほどの地域に住むF宅にも、最初は彼女のライフヒストリーやファミリーヒストリーを聞きに行っていた。あるとき、Fは雑談から私が家探し中だと知ると、一緒に物件を探してくれるようになった。一時的に借りた部屋の主が旅先から戻る日が迫る頃、Fは「パリ地域で数カ月の短期間の家を探すのは難しいわ。よかったらうちにこない？　次が決まるまででも、帰国予定の最後まででもいいわよ」と言ってくれたのだった。私は彼女の言葉に甘えることにし、トランクをもって彼女の家の居間に移動した。2003年のことだ。

あなたを迎え入れるわ。あなたと私は女同士だし、同じく外国で暮らす身。それに、私の仕事が福祉関係なのも理由かもね。週末以外、朝には仕事に出ちゃうけどこの空間はここにあるから、自由に使って。夜は外で待ち合わせたっていいし、週末は仕事がないから一緒に過ごせるわ。

当時の彼女の発言を書き起こしてみても、私自身がもつ調査者意識とは裏腹に、私は何かの専門性や人類学の調査者だから受け入れられたわけではないことがよくわかる。私は、フランス語も下手で、潤沢な資金もないのに、マグレブ系移民のことを知りたいと日本から一人でやってきた学生であり、困っているなら、と助けてもらう存在だったのだ。フランス育ちの彼女が「女同士」「同じく外国で暮らす身」だと言ったとき、あえて私との間に様々な関係づけをして、そこにいていい理由をつけて受け入れてくれたと感じた。ここで居候させてもらえたからこそ、私はフランスの移民家族やムスリムの暮らしの一端に触れられるようになったのだった。

当時のFは40代、独身で、実家の隣町にあるＨＬＭ（適正家賃住宅）に一人暮らしだった。町の中心地に近い５階建ての小さな建物は周辺環境に溶け込んでいた。周辺に移民は少なく、同じ棟にもマグレブ系家族は一軒だけで、隣人は若いカップルやヨーロッパ系夫婦など庶民的だが多様な住民が住む環境だ。実家にも職場にもバスで行ける立地を彼女は、「知り合いがいない方が自由」だと表現した。間取りは、１ＬＤＫ。大きなベッドのある奥の寝室がＦの部屋で、彼女が部屋に入るとリビングは私の空間となり、ソファは私のベッドになった。

居候生活には、他者と過ごす様々な技法が詰まっていた。ソーシャルワーカーの助手をするＦは、日中は家にいない。私たちは平日の予定はバラバラだが、朝食は一緒に食べた。彼女が出勤すると、私も資料をまとめたり、調査に出かけたりした。行き先によっては一定の曜日の決まった時間にその場所に通う。人に会う場合は、夕方や夜に予定が入ることも多い。特に用事がなければ、Ｆと一緒に夕食をとり、その日あったことを話し、意見を聞いたりした。疲れた日は横並びでテレビを観ながらの夕食だ。Ｆは、仕事の興奮が静まらないとよく眠れないと言い、夕食後はチコリ（タンポポコーヒー）にオレンジフラワー水を少し垂らしたものを飲みながらゆっくりするのが常だった。

最初は、「あなたがいなくても家賃は払うから、お金はいらない」と言ってくれたので、私は食材や生活用品を買った。慣れてくると払うべきものを払った方が遠慮なく過ごせるように思えた。家賃を半分ずつにしてもらうと、買い物は何となく相互に出し合うようになり、少しずつ私自身の買い物を冷蔵庫に入れるようになっていった。

一方で、日常生活をともにするからこそ、違っているまま一緒に過ごす知恵と態度もみられた。ラマダーン（断食月）の時期になると、Fは「あなたはムスリムじゃないんだから、無理に私に合わせる必要はない。私たちは別々の人間。違っていることは迷惑なことではない」と言った。私は彼女の生活リズムに合わせるつもりでいたが、彼女は職場でもそれぞれだから慣れているという。私には、断食する人の前でご飯を食べることに抵抗がある。慣れ以前にこの場合、「違っていること」は気まずく感じる。空腹に耐え、普段と異なる身体感覚で過ごすラマダーンには、未経験ゆえの憧れもあった。しかし、彼女が出勤すると、私が一人で断食を行うきっかけもなかった。調査で会うムスリムのなかにも「今回は断食していない」という人や、反対に「ラマダーンだけはコミュニティや家族とつながる文化的実践なので断食する」という人がいた。パリ地域において生活のなかのラマダーン下の断食は、ムスリムの義務として一斉に行われるのではなく、それぞれの考えとその時々の生活の文脈のなかで個々の選択や判断の下で行われていた。

息抜きや気分転換がしたいときは、外に出たり、寄り道をした。郊外のF宅周辺は、ほとんどの店が夕方には閉まるので、同時進行で調査していたチュニジア出身者の集まるパリのカフェに行ったり、少しひとりで過ごしたり、ときに留学等でパリに住む日本人の知人宅に寄った。Fに連絡し、外での映画や食事に誘うこともあった。都市のオープンな空間に身を置いたり、足を運ぶ場所や言語が変わると、自分の性格や物事の捉え方も変わった。家か外かではなく、自分のいる場や関係の多面性が私を構成し、その変化が刺激にも休息にもなる感覚が身についていった。

7人キョウダイの長女であるFのもとには、時々弟や妹がきた。末の妹とは年齢差が20歳あり、家族だけでも様々な年代の暮らしぶり、考え方、悩み、葛藤、楽しみを知ることができた。実家や、他の場で見知るのとは違う顔もみえた。調査が進まない時期は、イトコや友達を呼んで私の調査に協力してくれた。鍵を失くした同僚が急に泊まりにきたこともあった。その同僚は、アマジグ（ベルベル）系のアルジェリア人家族で育った第2世代で、年上のFは結婚、キャリアなどの人生相談の相手でもあった。後に若者たちの都市暴動が彼女の家の向かいで起きた際にはこのときの縁で彼女を訪問し、地区の日常の人間関係や暴動の引き金となった背景、メディアの切り取り方の問題を住民目線で話してもらった。F宅の居間は、私にとってフィールドの様々な人の生活の場とつながった出会いの場でもあったのだ。

週末には週末の生活リズムがあった。土曜の午前中は近所の市場と、バスで数駅先の市場にいく。二つの市場は住民や町の特徴、規模、集まる店、人、価格が違う。近所の市場には、フランス各地のチーズや蜂蜜、野菜やフルーツ、様々な惣菜、子ども服や靴屋が並び、Fはよくアクセサリー屋に寄った。市場の様子は楽しむが、実際に買うものは少ない。二つ目の市場は、店の数も人出も多く、活気に満ち、アラビア語の呼び込みが響く、彼女が育ったN市の中央市場だ。フランス人店主の店と並んでハラール肉店や丸くて平たいタップーナなどチュニジアのパンを扱う店もある。魚介、食器や雑貨、インテリア、服など多くの店が並び、偶然会った知人と立ち話することも多い。Fが野菜や果物を買うのはほとんどの場合、N市の市場だった。

日曜はFの実家に揃って顔を出す。パリに隣接するN市は地区毎に特色があるが、市内の55%は団地が占める。Fの実家周辺には多くの移民家族が住む巨大な高層HLM団地群がある。実家住まいのFの妹は、職場の上司が同じN市在住とわかり互いの居住地区を言った際、上司から「ああ」とだけ返されてから、職場で地元の話をしていないという。フランスでの郊外団地は、移民や問題を抱える人が多い地区というイメージを与えられてきた。上司の反応にも団地地区への色付けのニュアンスを感じたのだろう。場所によってはバイクを乗り回す若者や犬を連れて巡回するドラッグ対策の警察の姿もあるが、住民は外からの「ああ」という地区表象には同意していない。

確かに、地区には独特の雰囲気があり、休日は特にスカーフをして出かける人やアラブ服を着た男性、カラフルなアフリカの布で仕立てた服で歩く女性たちが増え、様々な言語が聞こえてくる。しかし、住民の日々の生活の背景が見えると、地区の捉え方は一変する。ジーンズで帰宅し、上からさっとアラブ服を被って台所に立ったり、部屋着のまま近所に出ることもあるし、子どもたちの間で各家庭の特徴的な服装のテイストや、家庭内言語を混成させた話し方が流行ることもある。身につけたものや特定の行動様式、誰かのふるまい方が何だったらフランス的、何だったらアラブ、マグレブ、ムスリム、移民的だ、などという分類がナンセンスであることは、フィールドの人たちなら誰もが経験的に知っていることだった。

休日の実家は、家族や親戚、両親の友人らが出入りし、私が毎週行っても特別驚かれない空間だ。近隣に顔が広く、家族に頼られているFは、おしゃべりや家事、書類の代読などで忙しい。私は私で、台所を手伝ったり、衛星放送で中東や北アフリカのニュースやドラマが流れる居間で、思い思いに展開する話の輪に入ったりした。お昼はFの母親かFが簡単につくる。少しすると「ミントティ、ほしい人！」と声がかかる。ミントティを一番上手に淹れるのはFの父親だ。私もこれが大好きで必ず手をあげた。Fは実家ではミントティを飲むが、自宅では淹れない。クスクスも特別な来客でもない限り、自宅ではつくらない。同じ人でも「習慣が変わる」ため、実家にいくと食事や民間療法など、聞きたいことが増えていった。

Fの両親は家ではほとんどアラビア語しか話さない。フランス語で調査をする私との会話では、家族の誰かが仲介してくれた。居間での団欒中、両親は時折手にした数珠を繰り、祈りを口にすることもある。その間は誰も邪魔しない。彼らは物理的な仕切りがなくてもふと自分の空間に入り、また不意に家族と話しだす。人の出入りがあっても、各々でいられる空気が居間には漂っていた。常に誰かと話したり、目的をもってその場にいなくてもよいFの実家の居間は、私にとっても居心地のよい空間だった。夕食にみんなでマグレブの料理を囲み、バスで帰宅すると、Fは「あ〜明日もまた仕事！　文化を生きるって、キツイわね」とあくび交じりに言って、寝室に消えていく。週末に「家族をする」のも、平日に「仕事に向かう」のも賑やかだが大変だ。私がフィールドノートを書くのはそれからだ。

こうして私は、等身大の一個人としてのFの暮らしに触れ、Fに倣って平日は移民出身者のネットワーク調査や地域のアソシエーション活動、そこで知り合った人びとのライフヒストリー調査を行い、週末はFと一緒に実家にいき、彼女の家族、親戚縁者、実家周辺のコミュニティや、地域に出入りするようになった。それは居方・出会い方の異なるフィールドワークをしながら自分の日常を同時につくるような営みであり、複数の場や関係性のなかに私のフィールドと生活空間が多面的に、そして遍在的にできていくことでもあった。

2　フィールドにいかなくても進む私の日常、子連れの往来

2009年、出産、就職を経て3年ぶりに、8月の2週間だけ調査に出ることができた。第2章となるフィールドとの往来のはじまりである。日本での仕事の資料を持ちながら慌ただしく到着したが、この年

の調査は明るい記憶だ。私の妊娠中、妹と日本にきてくれたFとは、2年ぶりの再会だった。Fは、「ママは大変でしょう？　たくさん寝なさい！　明日の朝は起こさないわよ！」と言って朝食とコーヒーを置いて出勤し、私を休ませてくれた。日本では、ほぼ自分の時間がなく、睡眠時間も削られていた。日本での日常の役割を降ろし、久しぶりに自分の関心に向き合う時間がもてた感覚があった。

次の調査は、さらに3年後の2012年、新しい課題を始めるためのプレ調査で、初めて娘を連れていった。方々でとても歓迎され、私だけだとゆっくり話すこともなくなっていた思春期に成長した子たちが娘の相手をしてくれた。満員電車では若い男性が「小さい子がつぶれる」と娘を抱えてくれたり、日本語でジュースを欲しがった娘に、電車の向かいに座ったマダムが飲みかけのペットボトルの水を差しだしてくれるなど、一人では経験できないことが多々あった。子連れで移動し、「わたし」の境界が拡張されたことで、私自身が知った気でいたフィールド像が崩され、新たな一面が見える面白さがあった。

Fは、「資料を探しにいく間、見ててあげるわ」と娘を預かってくれた。言葉がわからないのに、Fは娘の希望、不満、甘え、異国での子どもの限界をほぼ言い当てた。娘もすぐFに馴染み、遊びに来た彼女の姪と一緒にお風呂に入り、Fの実家ではパパが用意した大きなスイカにかぶりついて、クスクスをみんなで囲んだ。パリ市内のチュニジア系家族の家では、もうじき還暦と言っていた奥さんが急遽自分が通うプールに誘ってくれた。それまでの調査では彼女が一人のときに泳いでることなど知らなかった。パリ南側のフィールドでは、子どもが一緒なら公園で話そうと予定を調整してくれていた。夜には子どもを寝かしつけたあとの時間で、改めてFたちの話を聞いたり、フィールドノートをまとめた。

子連れ調査は、私や娘だけでなく、それまで見えなかった彼らの顔を垣間見せるものでもあった。フィールドであっても子連れで行くには緊張感が伴ったが、娘に目を向け、働きかけてくれる人たちがいてくれる心強さ、その輪のなかでやっていける娘の姿は安堵と不思議な感覚をもたらした。それはフィールドの日常のなかに自分たち親子の生活がすっぽり移動した感覚でもあり、私が往来する地域の環境や生活様式は異なってはいるが、私たちはこの場所でも暮らせるのだという実感だった。

3　小さな目線と居方の変化

その後、2012年からの4年間は、移民の子どもの教育調査のため短期の往来を繰り返した。パリ市内に部屋を借りたこともあったが、近くにいるのに他所に泊まるのはFや姉妹らの反応をみても、よそよそしいことのように思えた。実際、パリ市内に部屋を借りて過ごすのは快適だ。それは、フィールドにいながら帰宅後に自分の時間を持ったり、別の仕事ができる出張のようでもあった。しかし、「仕事は中断して、外にでる時間よ」と誘いにきて、「ここにいること」を優先するよう言うFたちとの板挟みになる感覚や、人びとの暮らしとの接点がない感覚も生んだ。それらを経て、私は再度フィールドで、他者の空間に居候しながら地域に留まり、その暮らしのリズムのなかに身を置きながらフィールドとの往来を続けることに、意味を見出すようになっていった。

私は再びF宅の居候に戻ったが、前と同じようにフィールドに居るわけではないと感じることが増えていった。ある日、外出の支度中、遊びに来ていた4歳の姪Hがお化粧をする私をじっと見て「なにしてるの?」と聞いた。彼女は「どうしてそんなことをするの? あなたはそのままでいいのに……」と、少し拗ねた顔をして一生懸命、自然なままの私でいるよう説得してくれた。小さな目は、彼女の母親の習慣との違いや、日本での日常的な行動を自然にしていることに違和感を見つけたのかもしれない。改めて、フィールドで「私のままでいるって、どういうことかな」と考えさせてくれた。

保育学校での調査でも似たようなことがあった。学校の休み時間、子どもたちは一斉に校庭に出て思い思いに遊ぶ。教員はお茶やコーヒーを片手に子どもを見守りながら教員同士で話したり、もめごとの仲裁に入るが、私は学校内に役割がない。子どもが近づいてくるとつい一緒に遊んでしまう。なぜか追いかけっこの輪に入っていたり、くすぐられて全力で逃げ、疲れた状態で授業の教室に戻ることになる。休み時間の度に全力で遊ぶのは大変なので、そのうち教員の真似をして、ただ立ってみたり、見守る人然として子どもたちを観察してみたが、バリアを張って無理に「大人」を演じているような空虚さを感じ、落ち着かなかった。学校帰りのHたちと公園に寄ると「これからする遊びに入れてあげる。ルールわかる?」と誘われるとつい、一緒に遊んでしまうが、よくみれば公園で子どもと遊ぶ大人は相当稀だ。私にとって「普通」の感覚や反応は彼らのそれと違うのかもしれないが、無理に周囲と同じように振る舞うこともないように思えた。その頃から、私は違いの感覚についても自分で解釈せずまずFたちに直接話すようになった。

それはときに、そんなこと考えてもみなかったとか、実は私もずっと不思議に思ってたという話がでて、日本とフランスの親子や大人の役割を話し、実は戸惑っている子育ての心配事や相談事を聞く機会になった。また、子どもたち個々の持ち前の性質のようなものについて熱心に語り合うことになり、本来、私たちはどちらの社会にいても、「子ども」と「大人」という決まった行動をしているのではなく、個々の性質に触れ合うなかで、様々な応答を編み出しているのだと気づき合うようにもなった。こうしたやりとりや、私とフィールドの人たちの年齢、往来のなかでできた様々な関係性が重なったことで、かつてのフィールドワーク時にあった「彼ら」「あなた」の考えを知りたいという構えから、ときに別々の考えを交換し、顔を見合わせては、どう乗り超えるかを一緒に考える存在になってきたように思う。

4 往来を重ねた時間のなかで見えてくるもの

冒頭のメールに戻ろう。結局、フィールドに到着し、新学期の始まるパリ地域での調査計画の日程をよけて、私たちはアルザスに赴いた。Fの旧知の友人Pの家に、今度は二人で「居候」し、Pも一緒にいくつかの地区を周り、近接する国境を往来し、市場に行き、地域に住む何人かに話を聞いて回った。パリ地域とは異なる地域史と移住者との関係、スカーフをした女性が市場にミシンを出して自分のビジネスを展開する、パリ地域では見かけない光景にも出会った。「わざわざアルザスまで来て観光しないなんて変わり者ね」と言っていたPたちも数日すると「あなたの関心や、ちょっと変わったフランス語にだいぶ慣れて来て、一緒に回るのも面白くなってきたわ。次はいつ来る?」と言ってくれるようになった。Fは、「渋ってたけど、ひと気のない8月のパリでじっとしているより、来てよかったでしょ? 解決策は常にどこかにあるものよ」と言った。Fは私がフィールドワークをしにくることや私の関心の在り処を想定した上で、一緒に動けるよう夏休みを取ってくれていたのだ。

最初の出会いから20年近くが経過し、私もフィールドの人びとの年齢も暮らし方も変わった。その間に、連絡が取れなくなった人、マグレブ地域に帰国した人、別れや新しい世代の誕生があり、一定の世代になったからこそ、「第2世代」と呼んでいた人たちの経験が地域に還元されて新しい動きを生むケースも見え始めた。私自身も、パリ地域の移民の生活の場という定点に留まり続けることによる視点の変化を感じている。何よりそれは、出会った当時10~40代だった人びとが、子どもを持ったり、仕事のキャリアを重ねながらも一定の住民層の厚みとなって地域に存在していることや、出稼ぎとして最初に移住した第1世代がフランスで老いを迎え、互いのケアに入るという人びとの人生の丈でみた変化への関心へと向かっている。それは、これまでのつきあいのなかで「知った」つもりだった人の、違う顔を往来のなかで少しずつ発見してきたことと無関係ではない。

彼らは、フランスをどのような地域にしていくのだろうか。今後も、断続的ながら私がフィールドとの往来を繰り返し、彼らの日々の出来事に触れることで、暮らしのなかにある想いや記憶、感情の一端が発せられる契機が生まれたり、外からは見えにくいが、違いや変化に柔軟に楽しみながら向き合う彼らの日常生活の様態に立ちあいたいと思う。

次にFたちのもとにいくときには、私が往来することや、一緒に人びとの間を歩くことは、彼らにとってどんな経験なのか、それをまず聞いてみたいと思っている。

第14章

モロッコにおける友情と文書収集[1]

レオン・ブスケンス／翻訳・中西　萌

フィールドとの関係は、一人の人間との出会いで異なるものとなる。当時新米フィールドワーカだった私とモロッコで出会った書店主のモスタファは、生徒と教師として、顧客と店主として、また友人同士として、多様な関係を築くことになった。モスタファは、私が文書収集という世界に足を踏み入れるきっかけも提供してくれた。彼との出会いによってフィールドは広がり、文書についても文書収集についての知識も増えたが、それだけが彼との関係を支えていたわけではなかった。私たちの関係は調査のなかでだけ発展したわけではなく、調査は私たちの関係において、そのほんの一部を占めるに過ぎないものになっていった。

フェズ、1988年6月19日の日曜日の朝、カラウィーイーン・モスクの中庭で毎週開催される古本市での出来事である。私は、モロッコのイスラーム法を扱う自身の研究に、役立つものなのかを見極めながら、古書や古本を楽しく眺めていた。私は数日前、新しい友人であるラバトの書店主モスタファ・ナジーに商品探しの旅に誘われ、そこにいた。突然、興奮した様子の若い男が私に詰め寄り、ムスリムなのかと問い質した。私の返事を待つこともなく、男は私に古本市から出るよう言った。ここは、イスラーム教徒ではない者が立ち入ることは許されていないのだという。幸いなことに、モスタファと彼より若い地元の知り合いが私を弁護してくれた。中庭は、正確にはモスクの一部ではなく、この古本市には誰でも入ることが許されていると彼らは主張した。議論の末、私はそこに留まることを許されたが、私はもう歓迎されているとも、居心地がよいとも感じることはなかった。私はネスラニ（*nesrani*）、つまりキリスト教徒のよそ者であり、その場に属する者でないことは明らかだった。

数時間後、モスタファは私を「プチタクシー（市内タクシー）」に乗せ、何をするかの説明もないまま、フェズの新市街に連れていった。私たちは、ある教員の住まいを訪ね、彼の寝室に入り、いくつかの写本を検証した。モスタファは、大きな瓶に入った蜂蜜を見つけると、すぐさま、この逸品を味見したいと言い出した。その後、私たちのホストは、彼の家での豪華な昼食に私たちを招待してくれた。その男性は、モスタファの仕事仲間の一人で、モスタファが、商売を目的に購入しそうな写本を探し出してくる人物であった。この旅に出発したとき、私は新たな場所へ行くことを楽しむ無邪気なエスノグラファー（民族誌学者）であった。しかし期せずして、写本取引の世界に足を踏み入れたのだった。

私がモスタファと知り合ったのは、1988年4月中旬、私と同じライデン大学で博士課程の学生からの紹介がきっかけだった。この話は別稿で取り上げた（Buskens 2008）。以後、私はすぐに、モスタファの書店「マクタバ・ダール・アットゥラース（*Maktabat Dar al-Turath*）」の常連客となり、モロッコ人学者や、時折欧米人の学者たちとモスタファが交わす議論に耳を傾け、厳選された蔵書のなかから書物を購入するようになった。

モスタファとの出会いから1週間も経たないうちに、彼は、研究のためだけにイスラーム教徒を装う欧米人研究者に対する軽蔑を見せるようになった。その例として、あるオランダ人教授の似非ムスリムとしての振る舞いが、最近イスラーム誌『マジャラ・アル＝アズハル（*Majallat al-Azhar*）』で糾弾されたことを挙げた。

モスタファは、マグリブ（マグレブ）についての文字化された遺産に関する幅広い知識をもつのみならず、中国や日本の詩など、多様な形式の知識や芸術にも関心を持っていた。彼は、信頼できる寛容な人物である上に、素晴らしいユーモアのセンスの持ち主だった。彼は私とともに時間を過ごすことも楽しみ始めたようだった。その頃、彼はまだ家族と一緒にブー・レグレグ川の対岸にあるラバトの双子都市、サレの旧市街に住んでいた。彼は、昼食のためにわざわざ帰宅することはせず、普段は、近くにあるラバト旧市街の人気レストラン「タガザウト」に通っていた。そこは南モロッコ、スース地方からのベルベル系の移住者によって経営されていた。モスタファは、私にそこで一緒に食事をとり、午後にまた店を開くまで一緒にいてくれるよう頼んでくるようになった。当時私は人類学的な王道に従い、住み込みができる家庭を探していた。その間、書店の隣のホテルに滞在していた私には、気のおけない友人ができたことが何より嬉しかった。

2カ月後、モスタファが私に旅に出ようと誘ってくれた。それは私への信頼と、彼の話を意欲的に聞くことへの感謝の表れでもあった。旅立つ前、私が彼のビジネスに決して干渉しないよう彼は釘を刺した。彼の仕事仲間のなかには、イスラーム教徒ではない私が同行するのを見て、快く思わない者もいるからである。他にも、モスタファが私の代わりに購入すると考え、価格を上げる者もいるかもしれなかった。さらに、私はそこで見るものについて口外してはならなかった。なぜなら、写本取引を完全に合法ではないと考える者もいるし、モスタファを中抜けして彼の商売仲間と直接交渉したいと考える者もおそらくいるからである。

モスタファにとって私は、ただの旅行者であり、彼に同伴し、観光や食事を楽しむ者だった。私は、彼の懸念を理解し、こうした条件を快諾し、様々な新しい経験ができることを楽しみにしていた。メクネスとフェズに向かった最初の旅は、その後彼と行った、沢山の旅の始まりとなった。それはまた、2000年9月にモスタファがあまりにも早すぎる死を遂げたことで幕を閉じた、愛すべき友情の始まりにもなった。

モスタファのビジネスの邪魔をしないという第一の決まりを、私は常に遵守した。彼の探し当てた物に私が興味を持った場合、そのことは彼に後で伝え、モスタファが提示した価格から値切ることなく支払った。彼も私に過剰請求をしたことはない。ただし、提示された書物にモスタファがビジネス的関心を見せなかった場合に限り、彼さえ良ければ、私がその書物を購入するかもしれないと彼に伝えることはあった。ときには、私に直接取引を行うようけしかけ、彼の取引先が私との売買を断れないように仕向けることもあった。

ときが経つとともに、私が徐々にモスタファのビジネスにかかわるようになったのは、必然の流れだった。第一に、私はモスタファの書店の中毒的な客となった。時折、モスタファは私に意見した。私が欲しがる書物には価値がないと言ったり、既に書物には多額のお金を費やし過ぎたので、そろそろ自分の家を買うためのお金を気にしろと言ったりした。私はライデン大学図書館の同僚から、資料を入手する仕事を託されたことがあった。その際には、進んでその仕事をモスタファに任せた。

数年のうちに、モスタファと私は親しい友人になっていった。1990年6月下旬、私がオランダに帰国した後も、モスタファとは頻繁に手紙のやりとりをした。そのなかでモスタファは、私やライデン大学図書館に新しい発見について知らせてくれるとともに、新刊書籍や古い資料の提供を申し出た。また、私からも定期的に彼の書店に電話をして、近況を尋ねたりした。

私がモロッコに行けばいつでも、モスタファは商品探しの旅を計画してくれた。私はモスタファから写本やイスラーム法について教わっただけでなく、モロッコでの旅の仕方についても教わった。互いの信頼は高まり、どちらかの現金が足りなくなった際には、もう片方が立て替えた。

偶然にもモロッコに来ることになっていた同僚の女性と、私が付き合いたいと思っていたときには、モスタファは、その女性に合流する私のクレイジーな旅に同行してくれた。その恋が実らないとなると、一緒に落胆してくれた。別の機会には、リュートと歌の才能に恵まれた二人の娘がいる家庭に行こうと誘ってくれた。私に相応しい妻を見つけられるのではないかとの思いからだった。

モロッコ南部を訪れた旅の帰路では、マラケシュの屋台で豆を食べた後、二人でひどく具合が悪くなったこともあった。モスタファはよく私のダリージャ（アラビア語モロッコ方言）の間違いを真似してからかった。私たちにとって、普段はフランス語で会話する方が楽だった。モスタファの容体が深刻なものとなり、高額な手術費が必要となったとき、彼は頼るべき友人がどこにいるかを知っていた。彼は、彼の命の心配をする私に向かって、「私たちには、まだまだ一緒にやるべきことが沢山ある」[2]と言って私を落ち着かせようとした。これらのやりとり全てが、私たちの関係を変えていった。私はもう単なる彼の顧客ではなかった。彼は私にとって兄のような存在となっていた。彼はあるとき、意図せずアリストテレス的方法で、愛とは「一緒にいることの喜び（Le plaisir d'être ensemble）」なのだと、定義した。

モスタファ、彼の家族、彼の友人、顧客、そして仲買人との関係において、私はネスラニであり、エスノグラファーであり、生徒であり、収集家であり、仲買人であり、友人であるといった複数の属性を持っていた。これらのアイデンティティや役割は、固定的なものとしてではなく、社会的な結びつきや、時間が経過する中で生まれるプロセスとして理解されるべきである。ときが経つにつれて、私たちは親しくなっていったが、没入と乖離のバランスを常に保たなければならない多くのエスノグラファー同様、私もよそ者であるという要素には常につきまとわれていた。

モロッコ人にとってネスラニは、今では西洋人――キリスト教徒だと想定されている――を指す用語となっていて、文字通り「ナザレ出身者」という意味で受けとられることはほとんどない。ルーミー（西洋人）やガウリー（*gawri*）といった類義語のように、この概念が強調するのは、差異、社会的距離、よそ者といった事柄であり、「奇妙」、「部外者」と同じような否定的な意味合いが付されている。全ての社会でそうであるように、モロッコでもある人物が同じ集団に属しているのか、仲間であるのか、あるいはよそ者なのかには大きな意味がある。属性と社会的距離は、空間的用語で表現される。あの人はカリーブ、「近い」存在だと言ったり（cf. Eickelman 1976）、彼は「私たちの一員だ」と言ったりする。他の書店の店員が久しぶりに私を見かければ、私は「俺たちの仲間、レオン（*huwa dyalna*）！」と呼びかけられた。

三つの一神教信者をめぐる、関係性の神学的理想にもかかわらず、日常用語としてのネスラニは、独自の価値観や習慣を持ち、異なる文化圏に住む、明らかなよそ者を意味するものである。ケルマ・ネスラニーヤ（*kelma nesraniyya*）、すなわち「守るべき言葉」（直訳すれば「キリスト教徒の言葉」）や、ケルブ・ネスラーニ（*qelbu nesrani*）、すなわち「彼の心は憐みに疎い」（直訳すれば「彼の心はキリスト教徒だ」）といった表現はそれを示している（De Premare et al. 1999）。

ネスラニという言葉は、宗教的な用語や地理的な用語、すなわち社会的用語のなかで、奇妙さの複数の形態を示すものである。この概念には数世紀にわたる歴史が木霊する。モロッコは、イスラーム世界とキリスト教世界とのフロンティアである。それは、アンダルシア征服からレコンキスタまで、そして大西洋と地中海沿岸でのポルトガルとスペインの侵略者との小競り合いの後の、スペインとフランスによる植民地化とその解放を経て、今なおそうである。

とくに宗教的次元でいえば、モロッコの主流イスラーム法派である古典マーリク学派の教義に清浄と不浄の概念についての言及が明記されている。ネスラニは割礼を受けておらず、アルコールや豚肉をとることのタブーを尊重していないため、みだらで汚染されている可能性がある。この穢れのためにモロッコ人は、ネスラニが、モスクや、聖者の墓廟や、霊廟などの宗教儀礼を行う場所への立ち入りを認められるべきではないと考えるのである。フランスによる保護領化の始まりに、モロッコ初代総督リョーテは、この侵入制限を法制化し、社会の不安定化を防ごうとした。ネスラニはモロッコ在住者かもしれないが、そこに属さない異物であり、部外者であり、奇妙で疑わしい存在である。男性のネスラニにいたっては、モロッコ女性へ危害を加えうる二重に疑わしい存在である。彼らは、モロッコ人女性を誘惑し、堕落させるかもしれないのである。

他方、モロッコに広く見られる（ネスラニとの）宗教的、社会的、文化的な違いに関する理解のなかには、以上とは違う要素もわずかながらに見ることができる。ヨーロッパモデルはある意味魅力的であり、現在の汚職や経済問題に対する不満から、過ぎ去ったヨーロッパによる植民地時代への憧れを口にする者までいる。一部の人びとにとって、ネスラニを客人や知人に持つことは、社会的ステータスの源となることもある。より直接的にはネスラニは、一般的に経済資源となりうるものだと考えられている。それはまずすぐに頼ることのできる資源とみなされ、さらにヨーロッパへのアクセスを、すなわち高給をもたらす職とよりよい生活を得るための手段として捉えられている。

たまに、モスタファは機嫌が悪いとき、彼と私との違いを強調することがあった。あるときモスタファは、私とは、他のムスリムと同じようには友人にはなれない、何故なら私と彼とは根本的に違うのだから、と言った。私が更なる説明を求めると、彼はきまり悪そうにし、そしてようやく、ネスラニは割礼を受けておらず臭いからだ、という理由をつけた。

モスタファの病状が悪化し、私は自分の心配を彼の基準からすれば感傷的過ぎる態度で示したことがあった。すると彼は私の態度を諌め、私がこの友情を過大評価していると言った。しかし、12年以上の歳月にわたるモスタファの行いは、こうした時折放たれた言葉とは矛盾するものだった。その間私たちの絆はより強くなっていった。彼は頻繁に、私が次はいつ来るのか、そのときは一緒に旅に出ようと手紙に書いてきた。電話で話したときには、気鬱なことがあったので、気晴らしに私と旅に出たいと言っていた。

2000年9月、モスタファの早すぎる死を知らされた数日後、私は彼から手紙を受け取った。それは、彼の最後の旅となったテトゥワンへ向かう直前に書かれたものだった。そのなかで、彼は新たに探し当てた書物について記すとともに、私と恋人が、将来生まれてくるだろう子どもたちとエアコンの効いた車でともにモロッコを旅している夢を見たと教えてくれた。その少し前彼は、サハラで使われていた革袋を閉じる錠を私に送ってくれた。それは、私とフィアンセがともにいられるようにするものだった。

友情は、私たちの関係性のほんの一面に過ぎないが、私にとっては一番大切なものだった。モスタファは私を友人として、生徒として、そして顧客としてという多様な役割で取引ネットワークへ参入させてくれた。しかし、私は常にこのネットワークでは周辺部、つまり彼と取引先との関係における末端の顧客として振る舞うことにしていた。この状況に応じて周縁的な立ち位置をとるということは、モスタファが私に求めた条件、つまり顧客である以上には私が彼のビジネスに干渉しないように、というものに由来していた。取引ネットワーク上での私の立場は、モスタファが私の参入を許可した頃からほとんど変わらなかった。私は、自分の周縁的地位に満足し、そこで観察することができた。私は彼を〔取引において〕外そうとしたことは一度もない。むしろその逆で、モスタファが生計を立てるために商売をしていることを理由に、彼が自分の利益を確保することを重視した。私にとっては、私たちが分かち合った冒険の方が、戦利品よりもはるかに興味深いものだった。

家庭生活の領域においても、ときとともに関係性は大きく変わっていった。ただそこにも、越えてはならない一線があった。私は、モスタファの子どもたち、3人の息子と1人の娘とはとても仲良くなった。モスタファの書店に訪れるたびに、私は子どもたちの成長を目にしていた。ときには、子どもたちが私たちの旅についてくることもあった。彼がラバトの旧市街に大きな家を購入すると、その家での昼食に頻繁に招待してくれた。

モスタファの妻は、私たちのために料理をしてくれてはいたが、私が彼女と直接会うことは許されなかった。ある日、彼が私にキッチンを見せてくれたとき、彼は妻に壁に顔を向けて隅に立っているよう言った。後に彼は、妻が私に対する礼儀として、私に会おうとはしなかったと説明した。しかし彼女は、上の階から中庭を見下ろす形で私たちの様子を窺い、私がパートナーとの幸せな時間をともに過ごす様子を熱心に見守っていた。「それはまるで、メロドラマを見ているかのようだった」とモスタファは説明した。モスタファは、よく家に泊まらないかと誘ってくれた一方で、彼と知り合う前から同じ家に暮らしていた友人達をサレに置き去りにしたくない私のことも理解してくれていた。

２０００年９月、モスタファが49歳で心臓発作により急死を遂げてから、彼らとの関わり方は大きく変化した。私は彼の家族と連絡を取り続け、ラバトに行くときはいつでも彼の家族を訪ねることにした。長男のスィー・ムハンマドがフランスに渡った後は、モスタファの妻で未亡人となったアミーナは態度を一変させ、私に直接会って支援を受け取るようになった。

10年後、モスタファの遺族は、彼の書籍コレクション、ノート、コピーした書類の束、さらに私的文書を売り払うことにした。彼の妻と長男は、これらの品々をライデン大学図書館に提供する手伝いをしてくれないかと私に尋ねてきた。彼はライデン大学図書館を常々高く評価していたのだった。よくモスタファは、もし彼に何かがあれば、彼のノートを私に持っていて欲しいと言っていた。これらは現在、モスタファの思い出を偲んで、ライデン大学に保管されている。

【注】

1　本稿は、著者のブスケンス氏より掲載の許諾を得た以下の論文からの一部抜粋である。Buskens, Léon. 2014. "Paper Worlds. A Nesrani Ethnographer Entering the anuscript Trade in Morocco." *Pratiquer les sciences sociales au Maghreb*. Casablanca: Fondation du Roi Abdul-Aziz Al Saoud pour les Études Islamiques et les Sciences Humaines: 239-266.

2　"*Nous avons encore beaucoup à partager*."

【参考文献】

Buskens, Léon. 2008. “Conversations with Mostapha: Learning about Islamic Law in a Bookshop in Rabat,” in Jean Kommers and Eric Venbrux (eds.). *Cultural Styles in Knowledge Transmission: Essays in Honour of Ad Borsboom*. Amsterdam: Aksant. 19-24.

De Prémare, Alfred-Louis et al. 1999. *Langue et culture marocaines. Dictionnaire arabe- documents divers.* Tome II. Paris: L’Harmattan. 378.

Eickelman, Dale. F. 1976. *Moroccan Islam. Tradition and Society in a Pilgrimage Center.* Austin and London: University of Texas Press. 96-98.

第15章

フィールドワークの終わり
——あるいは、私がバドル郡に行く理由

竹村和朗

フィールドワークは、調査法の一つであるが、調査者と被調査者の間の感情的関係を伴うため、他の調査法と比べて、ウェットで人間くさい部分を多く含んでいる。フィールドワークを行う者にとって、フィールドは単なる「調査地」ではない。そこは、自分と深くかかわる人間がいるところであり、「調査のために行く」以上の場所である。そのようなフィールドとのつながりに終わりはあるのか。それはいつどのようにして終わるものなのだろうか。

1　はじめに

フィールドワークは、現場に行き、現場でしか見つからないものを探す調査法である。昨今では、様々な学問分野に「フィールドに行く」ことが組み込まれるようになっているが（西井 2014）、文化人類学におけるフィールドワークの特徴は、フィールドに入る前に「答え」どころか「問い」すら持たないことが

許されている点にある（インゴルド2020）。つまり、関心のあるテーマを持ち、先行研究を読んだうえで、その「現場」にいる人たちと時間をともに過ごし、彼ら彼女らの考え方を包括的に理解しようとする中で、今までに考えられたこともなかったような新たな「問い」（とその「答え」）を得ようとすることこそが、人類学的なフィールドワークなのだといえよう。

私自身は、大学院修士課程の頃からエジプトに行き、自分が何を明らかにしたいのか、明確な「問い」を持たないまま、フィールドワークができることを主な理由として、当時所属していたカイロ・アメリカ大学の付属施設であった沙漠の実験農場（以下、大学農場）に入り、フィールドワークをはじめた。後に、大学院博士課程のときに博士論文の執筆のためにエジプトに長期留学し、今度はエジプトの沙漠（国土のうちナイル川流域以外のほぼ全域に相当する、年間降雨量のきわめて少ない乾燥地域）の開発をテーマとして、フィールドを探す中で、再びその大学農場を訪れた。その後２０１１年の「1月25日革命」による政治・治安状況の不安定化のなか、やむなく大学農場のあるバドル郡（ナイル・デルタ西端のブハイラ県）地域でフィールドワークを行うことにした。政府が主導して土地を整備し、水を流し、農場を作り、人を住めるようにするのが沙漠開発だとすれば、その結果生じた沙漠開拓地の社会とはどのようなものなのか。そこにはどのような社会的仕組みが作られ、人びとはどのような暮らしをしているのか。

成り行きではあったが、バドル郡地域でフィールドワークをすることにしたおかげで、私はようやく「問い」を定めることができたようだ。そして地域を歩きまわり、周囲の人に尋ね、資料を探すことで、なんとかその「答え」を得ようとした。ただし、調査中にそれを得られた感触はなく、２０１２年4月に帰国する直前まで人に頼み、出発前日にようやく見せてもらえた資料もあった。帰国便が発つカイロ国際空港には、バドル郡から直接向かった。後述するように、空港まで一家総出で送ってくれたアパート大家

写真１　空港に向かう車内のＧ一家（2012年4月）

Gと空港で「涙の別れ」を交わしたとき、私のフィールドワークはいったん終わったはずであった。フィールドワークは、現場にしかないものを探し、現場で行う調査法なのだから。

帰国後の博士論文執筆は遅々として進まず、年月ばかりが過ぎていった。そのなかで短期間であるが時折エジプトを訪れる機会を得て、Gたちと再会し、旧交を温め、情報を新たにした。しかしそれは、はたしてフィールドワークの「続き」であったのか、それとも「おまけ」のようなものだったのか。私はバドル郡に行くためにGの家をあてにしていた。Gたちとの感情的なつながりも確かにあった。Gたちの側にも私という「外国人」とつながる打算があっただろうが、調査を名目とする以上、私も純粋な「好意」で動いていたわけではなかった。そうして私はエジプトを訪れるたびに、なかば習慣的にバドル郡に行っていたが、次第にその理由を定かには答えられなくなっていた。行けば懐かしい人たちがいるが、いまの自分には居場所のない、いわば「故郷」のような場所になっていた。もはや「問い」は残っていなかった。

バドル郡での調査は、２０１７年に提出した博士論文とこれをもとにした単著『現代エジプトの沙漠開発——土地の所有と利用をめぐる民族誌』（竹村 2019）に結実した。しかしその間、Gは２０１８年5月に突如として逝去し、私はそれでもバドル郡に行き続けている。実際のところ、バドル郡でのフィールドワークはいつ終わったのだろうか。それは、時折でも行き続ける限り終わらないものなのだろうか。その区切りは、いつどのように誰によってつけられるのか。本章では、この点について、私自身のフィールドワークの終わりぎわを振り返ることで考えていきたい。

2 「涙の別れ」から「油断も隙もない」へ

2012年4月6日、私は、長期留学を終えて日本に帰国するため、カイロ国際空港に向かっていた。当時、Gの長男Aが長距離乗り合いバスの運転手をしていたので、彼に頼んでその車を貸切にしてもらい、空港までのタクシー代わりにしたのである。G一家は、これに便乗し、私を見送るついでにカイロの親戚を訪れることにしていた。車にはG夫婦、長男A夫婦と1歳の息子、Aの妻の父、新婚の次男B夫婦の総勢8人が乗り込んだ。当日のフィールドノートには、「Gさん涙の別れ」と書いてある。以下はノートの抜粋である。

下へ。準備して9時に下りる。車はマイクロバス、つめこむ。出発。農業道路で行く。心配したがこんでおらず。カイロ環状道路→マディーナト・サラーム→空港第1ターミナルへ。Aが途中でマイクロバス専用の空港パスをとりにいく。暑い。

Gさん涙の別れ。AとBがカバン持ってきてくれる。

→Aに運賃を促されて、400LE（エジプトポンド）奮発しておく。

帰国後、私は大学院に復学し、日本での生活に埋没していった。再びエジプトを訪れたのは、翌年の2

013年1月のことである。その目的は、カイロでの書籍購入や1月25日の革命記念日の見物、そしてバドル郡訪問であった。

1月30日、バドルに行く日の昼に、午前中外出してホテルに戻ると、Gが外で待っていた。久しぶりのバドル郡訪問であり、直前に新憲法制定をめぐる若干の騒動があったため、安全を考えて、前もってGに車の調達を依頼していたのであった。久しぶりの再会はあっさりしており、ノートには一言「あいさつ」と書かれていた。

ホテルへ。もうGさん着いている。あいさつ。車は同僚の姉妹の夫のシボレー。割と新しいもの。荷物のせて出発。

午後3時頃、車はGの家に到着した。Gの妻ウンムA（Aの母、の意）とBの妻に挨拶し、遅めの昼食をもらった。その後、Bの新居であるアパートの4階を見に行った。Gの家は4階建てで、各階が独立したアパートになっている。2011年から2012年には私がアパートの2階を借りて、1階にA夫婦、3階にG夫婦とBが住み、Bが結婚する際に4階部分を増築した。この訪問時には、2階を別の一家が借りていたため、Aが一時的に1階を空けてくれ、私は1階に泊まることになった。A一家はG夫婦のいる3階で寝た。このとき初めて1階に泊まったが、ノートには住み慣れた2階に泊まれない不満が書き連ねられていた。

夜、雨がふってうるさい（全般的にやかましい……上の方がいい）

・枕が固くて朝、肩がこる（なつかしい）
・ハエがたくさん（日本の蚊取りスプレーがすごい役立った）

それは同時に、長期留学中の「住み込み」で調査をするというスタイルと、短期的な「訪問」の違いへの戸惑いでもあった。ノートには率直な気持ちが書いてあった。

一時的な訪問はなかなか難しい
・場所とプライバシー（求めるレベルが年々高くなる?）
・アラビア語（うまく通じない）
・人との再会（知り合いはいいが、中途半端な人が難しい）
↓もっと短くてもいいかも

翌日からバドル郡の知人友人たちのもとを訪れた。再会できた人も多かったが、革命後の情勢不安と不況のための経済状況は全般によくなく、いくつかの店が潰れ、働く人たちの顔ぶれも変わっていた。2月2日のノートには、「つかれた」という呟きが書かれていた。

なんかつかれた。自分の調査がすでに「歴史」になっていることに。すごいかわりよう。フィールドワーク（継続）の難しさを感じた。

この疲労感は、相手との関係を保とうとすることにも関係しており、その象徴が「おみやげ」の選定であった。このことは、アパート大家と賃借人であったGと私の関係にも当てはまる。かつて「涙の別れ」を伴う感情的な結びつきがあったことを互いに忘れてはいないが、もはや家賃という直接的利益が介在しない代わりに、何らかのおみやげを持っていくなどして、互いに得るものがある関係を築き直す必要が感じられていた。

この点でGが卓越していたと思うのは、私との関係性を保つための方便、あるいはその意思表示として、「これから毎月1回電話で話そう」と提案してきたところである。私はこの提案を受け、以後毎月の第一日曜（途中で第一金曜に変更）に電話連絡をすることになった。この提案があったからか、あるいは久しぶりのフィールドに疲れたのか、2月5日の早朝にエジプトを発つときのノートには、「涙の別れ」はなく、次男Bから置きみやげをしつこくねだられたことが書かれているだけである。

7時、起きてフールとターメイヤ。
↓支度。Bが来て、あれくれこれくれうるさい。タバコないか迫ってくる。置いていた私の腕時計をいつの間にかポケットにいれている。「親父が取っとけって」と言う……油断も隙もない……

3　なぜバドル郡に行くのか？

次にエジプトを訪れたのは、1年後の2014年1月であった。日本での生活に忙しくなり、訪問間隔が空いていた。出発時のフィールドノートを見ると、成田空港の免税店でおみやげ用のタバコを2カートン買い（日本のタバコは万能のおみやげだった）、経由地のアブダビ空港の免税店では、以前から電話でGに頼まれていた携帯電話の本体を一台購入していた。

バドル郡には1月24日に到着した。移動にはカイロでの昔からの知り合いの運転手の車を使い、直接G宅に向かった。2階アパートはまだ同じ一家が借りており、このときはG夫婦の3階を使うことになった。昼食を食べた後、早速おみやげを渡した。するとアブダビ空港で買ってきた携帯電話のSIMカードの大きさがエジプトのものとは違うことが判明した。実は出発前の電話でGにおみやげの希望を聞いたときに、Gは特定の機種をほしがっていたが、それは値段が高かったので私はもっと手頃な価格のものを選んでいた。ノートにはこの騒動の顛末が書かれている。

食べた後、ケータイを見せると……なんとSIMカードの大きさが違う。「イッリ・マサマアシ・キルマ・G・ムタエブ（Gの言葉を聞かない者は疲れるだけ）」と毒づかれる。帰りにかえしてこい、と言ったが、Bの妻の提案でSIMを切ってみてBが使えそう、Gがいらなければあげる、という話をしていたが、Gさん戻ってきて、けっきょく知り合いのアブダッラー（27歳、ケータイ屋）にきいてみて使うみたい。

↓しかしS560は、裏表にカメラがついていて、容量も大きいとか、画面が大きいとか、ブツブツいう。

この携帯電話は、翌日Gと私で店に行き、SIMカードを切って使えるようになった。Gが店員に私のことを「自分と会うためだけに来た客人だ」と自慢げに説明したのが印象深かった。ちょうどその日の昼、かつてよく話を聞いていた友人ZとYがいる苗農場を訪れた際に、なぜ自分はバドル郡に来るのかと自問したところだったからである。その日のフィールドノートには次のように書かれていた。

自分がここに来る理由は何か……
・YやZに会うよろこび
・大学農場のこと、苗農場……「その後」を知るため
↓他方で、ここの調査をしていないと、又は大学農場のためでないと、「いる理由」がわからない。他人にも、自分にも一時的な訪問、ヨソ者でしかない。
↓ここにきて、自分のオリジンを見出すのはわるくない。しかし調査対象としては一回まとめておわるべき？

大学農場は古く（1980年代）からこの地域にあったため、そこに所属していることは、私のような「外国人」がいる理由として広く受け入れられていた。それは、長期留学中に大学農場からGのアパートに生活の拠点を移した後も同様で、身元を尋ねられても「大学農場の関係者」と言えば、たいてい納得してもらえた。このときの訪問は、私はなぜバドル郡に行くのか、という疑問を私のなかに残した。

とはいえ次にエジプトを訪れたのは、わずか半年後の2014年8月であった。このとき、私は自身の家族（妻と娘）を連れていた。いつもと同じく成田の免税店でタバコを2カートン買い、アブダビ空港でチョコレートを買い、それ以上のみやげ選びに困った挙句、カイロ市内で適当にフランス製のミキサーを買ってから、8月8日にバドル郡に向かった。家族連れではノートをとる余裕もなく、2泊3日のバドル

滞在の記述は少なかった。おみやげの反応も、ミキサーは「そんなにうけなかった」と書いてあるくらいである。時間がなくYやZにも会うことができなかった。ただ、G一家はこのときの訪問をよく覚えていて、これ以降、私のことをそれまでのように「カズーキー」と名前で呼ぶだけでなく、娘の名を使って「アブ・ナーナー（ナーナーの父）」と呼ぶようになった。それでも、半年前に感じたなぜバドル郡に行くのかという疑問は、解消されないままだった。

その半年後の2015年2月に、単身エジプトを訪れた。出発した2月8日のノートには、渡航目的や予定とともに、気持ちの変化が記されていた。

2014年1月25日に「なぜバドル郡に来るのか、理由があらためて必要」と書いてあり、ハッとする。もともとそれなりの疑問があって、ここに来て、調査して戻った。

→それをまとめるために、法・憲法、トシュカ（non-field work 研究）もしてみた。

→もうおわらせよう、と。「次」を考える時期かも

こうした気持ちのせいか、バドル郡には2泊3日ですばやく立ち寄っただけであった。しかしこのときには、Gの目の手術の話やAの妻が出て行き離婚の危機であること、Bが妻の相続で得たお金を使って念願のトゥクトゥク（市内交通用の自動三輪）を買ったことなど、様々な話を聞くことができた。Aの夫婦仲はかつて悪くなかった。Bは以前トゥクトゥクを借りて運転手をしていたが、オーナーと衝突して運転手を辞めた後、定職に就けていなかった。これらの変化は、かつて集めた情報が過去のものとなったことを意味していた。同様に、Gと私の関係も少しずつ変化していた。帰国前夜にGがバドル郡産の蜂蜜の大瓶

一つとオリーブの実の瓶二つを買ってきて丁寧に包装し、「ウンム・ナーナー（ナーナーの母）とナーナーへのおみやげ」として持たせてくれた。おみやげを持たされたのは、これが初めてだった。

4　変化し、区切りをつける

次に2016年2月にエジプトを訪れた際には、5日間をバドル郡で過ごした。このときは、Gと私の双方に変化があった。Gは、少し前に脳梗塞を患い足が不自由になって階段がのぼれなくなり、3階から1階に住居を移していた。A夫婦の危機は収まっておらず、妻が二人の子どもを置いて実家に戻ったため、Gの妻が夫と孫の世話を引き受けていた。2階と3階のアパートは貸し出されていたため、私はG夫婦の住む1階の寝室を使わせてもらうことになった。この状態はこれまでと比べて窮屈で、一泊した2月13日のノートには「次くる時はアパートがあいているとき」と書かれている。続けてこう書かれていた。

研究テーマが定まっていないと手持ちぶさた～～今までは（～2012・4）農業や社会的なつながりについてとにかく興味があった。この地域を研究するという意気込みがあった。今はそれをデータとして、まとめている段階……一応の結論はもう出ている＝わかった。
↓初めはなにもかもわからなかった。どのへんにポイントがあるのかも。博論は「わかった」地点を示している。

この年の9月には博士論文の中間審査があったので、フィールドワークの情報が整理され、博士論文の内容が揃いつつあった頃であった。このときのノートには、博士論文に関するメモがいくつも書いてある。フィールドにいながら、目の前の事象の観察ではなく、頭のなかの考察に費やしていたのである。ただAの離婚危機については、もしかしたら裁判に発展するかもしれないという点に関心を抱き、細かくノートを取っていた。Gは、若い頃から心臓に持病を抱え、糖尿病も患っていたが、加えて目の手術や脳梗塞が相次いで起きたため、自分の死後について切実に考えていた。2月15日の夜にはこう言っていた。

自分はいつ死ぬかわからないが、死んだあと、息子が刑務所に入るなんて許せない。息子の人生を確かにしたい。死にきれない。

その後、私は2017年3月に博士論文の最終審査を終え、4月に学位を得た。再びエジプトを訪れたのは、その年の8月であった。8月18日、Gは、町の長距離乗り合いバス停留所でサングラスをかけ、ガラベーヤ（現地でよく着られるゆったりとした長衣）姿で待っていた。手術をした日は日差しに弱くなっていたが、脳梗塞からは快復し、歩いて出られるようになっていた。家で話を聞くと、1月にある病院の会議に参加し、Gが数十年前に行った心臓の手術とその後の経過について、医師たちの前で演説をしてきたという。一緒に行った長男Aが写真を撮ってくれたと言い、（私が買った）携帯電話でその画像を誇らしげに見せてくれた。続いて私が博士論文を終えたこと、最近は大学で非常勤講師をしていることを改めて伝えると、Gはこう述べた。

カズーキーはブロフェッサール（大学教授）だ。ムダッリス（学校の教師）ではない。おれはお前が誇らしい。これからも学業を優先せよ。お前は自分ひとりのものじゃない、お前の周りにいる人たちのものだ。今と変わらず謙虚でいて、誰に声をかけられてもそこに下りて、たちどまって話を聞いてほしい。

私は、最近は博士も多く大学に就職できるかなんてわからないと説明したが、Gは気にもとめなかった。Gは学業優秀だったが、家庭が貧しかったため、高校卒業後すぐに就職した。息子たちには大学進学と公務員職を望んでいたが、二人はこれらに関心を示さず、Gが副業にしていた運転手業の道に就いた。Gはこのことを残念がっていた。私はお世話になったお返しにG夫婦にウムラ（イスラーム教徒の五つの義務の一つのメッカ巡礼で、巡礼月に行く大巡礼をハッジと呼ぶのに対し、それ以外の時期に行くものを小巡礼、ウムラと呼ぶ。大巡礼は時期が決まっているため人気も費用も高いが、ウムラは旅行会社のツアーで任意の時期に行くことができる）を贈りたいと申し出た。Gはこの提案に乗り気で、すぐに計画を話し始めた。

知り合いに旅行会社の人がいて、今の巡礼月のあとに頼む。1月くらいを狙っている。ウンムAがパスポートをとらないといけない。バス、飛行機、ホテルだけ。食事は自分でもっていく。大部屋（男女ずつ5～6人）の場合もあるが、自分はウンムAと二人がいい。楽。タバコを吸う人もいる。朝とか夜にマクラム村のところからバスが出て、ボルグ・アラブ空港からマディーナへ。数日してメッカへ1週間くらい。全部で13日間。

↓帰りぎわに忘れないように念押し。9月になったらパスポート、予約をするから。

これとは別に、Gは「スマートフォンを持ってきたか」と言い出した。目が悪くなり小さい字が読めなくなったから1台ほしいと渡航前の電話で言われていたが、私はすっかり忘れていた。
この希望を叶えたのが、次に渡航した2018年1月であった。経由地のドバイ空港の免税店で適当な機種を買い（Gが希望していた最新型はとても高く、私はまたも手頃なモデルを選んだ）、組み立て式の電源アダプターを合わせて買って、持って行った。2月3日のノートには、内心予想していた通り、Gが最初渋面を作ったことが書かれている。

ジャージに着替えて下へ。おみやげわたす。Aに釣竿とリール。Gにモバイル。はじめ気に入らなかったようだが、知り合いのアブダッラーにみてもらう。希望の機能（文字を大きく）があれば使うし、なければば……。組み立て式のマルチアダプターはそれほどでもないかんじ。

写真2　Gとの最後の写真（2018年2月）

Gに近況を尋ねると、5月1日の誕生日で60歳になり公務員を定年退職すること、その前日が出勤最終日で職場で送別会があるという話であった。退職後に何をするのかは、まだ決めていないようだった。G曰く、同僚の大半（90％）は農地を持っていて畑仕事をするが、Gにはそうした農地はない。年金額が思ったより低かったことも含めて、定年後の生活にはやや不安を持っているようだった。
私はこの頃博士論文後の新しい研究テーマを模索して「ワクフ」（イスラーム的寄進制度）に注目していた。Gにワクフについて尋ねると、「ワクフといえばモスク」と、モスクにかかわる知人の話をいくつかしてくれた。それを聞くだけでも、十分おもしろかったがワクフの調査は多くの問題が関わり、とてもバドル郡だけで完結するものではないように思われた。バドル郡に来る理由は、もはや調査そのものでなく、Gたちと旧交を温めることと、研究の発想を得るきっかけ作りに変化していた。実際、日本から出発するときに、私はノートにこのように書いていた。

本当は博論（の出版）の話などをじっくり進めたいが、エジプトにいる間は気持ちを切り替えてリフレッシュ！　エジプトから「教えてもらう」気持ちで。

前にしたウムラの話は続いていて、ようやくウンムAのパスポートを申請したという。こうして、博士論文の終了後もGと私のつながりは細々と続いていくように思われた。

しかし退職後の5月下旬、Gは急に体調を悪化させ亡くなった。6月1日に定例の電話をかけたところ、めずらしくウンムAが電話に出て、不思議に思って尋ねると「気を強く持て」と言いながら、取り乱した様子でそのことを教えてくれた。その翌週に弔問のため急遽1泊4日のエジプト行きを決め、バドル郡に直行し、Gの死が事実であることを確認した。落ち込むウンムAを慰めるため、同年の8月、そして翌年の8月にもバドル郡に行っている。Gには叶えてあげられなかったが、ウンムAはその後メッカ巡礼を果たし、2019年8月の訪問時には、（私が買った）スマートフォンに収められた写真や動画を見せてもらった。一つの責務を果たせた安堵感がある。

ウンムAは「エンタ・イブネナ（お前は私たちの息子だ）」と言い、AやBは私を「アヒー（兄弟）」と呼び、昔と同様、電話や訪問を続けてほしいと言ってくれている。私もできる限り訪問を続けるつもりだが、Gの死の影響は大きく、バドル郡に行く理由について考え直すきっかけとなった。最後にこのことについて述べたい。

5　おわりに

家族の中心であったGの死によって、私とG一家の関係も変わっていかざるを得ない。Gは、この小さな家族集団の「長」であり、自身の兄弟や親族のなかでも一目置かれる存在だった。ただ、Gはその権威と権力の基盤であった公務員の地位を失ったばかりで、もし生きていたとしても、定年後の生き方には変化があったかもしれない。いずれにせよ、これからAとBは、「Gの息子（イブン）」ではなくそれぞれ一家を背負った「一人の男（ラーゲル）」とならざるを得ない。私もまた、ウンムAと、A、Bそれぞれと付き合うことになるだろう。そこに若干の難しさを感じるとき、Gの存在の大きさを思い知らされる。

バドル郡での私のフィールドワークは、「問い」を見つけたときに終わりが始まり、フィールドを離れて一定の「答え」が出たとき、すでに終わっていたのだろう。私はそれに気づきつつ、それでもバドル郡に行き続けていた。その理由の一つにGの存在があった。エジプト社会で生じる様々な出来事を理解する上で、あるいは、新たな研究テーマを模索する中

写真３　Gの眠る墓所（2018年6月）

で、私は「Gの言葉」を頼りにしていた。その言葉の力は、バドル郡におけるフィールドワークの終わりをうまく覆い隠していたが、Gの死はその覆いを取り去った。これからもバドル郡に行くことはできる。しかし、私が何に関心を持ち、どこでどのような調査をするのか、見直すときが来ているようだ。

月並みな言い方ではあるが、一つの終わりは別の始まりでもある。私もついに、バドル郡でのフィールドワークを「卒業」したのだと感じている。

【参考文献】

ティム・インゴルド（奥野克巳・宮崎幸子訳）（2020）『人類学とは何か』亜紀書房。
竹村和朗（2019）『現代エジプトの沙漠開発――土地の所有と利用をめぐる民族誌』風響社。
西井涼子編（2014）『人はみなフィールドワーカーである――人文学のフィールドワークのすすめ』東京外国語大学出版会。

から」関根康正編『国立民族学博物館調査報告81　ストリートの人類学：下巻』、367-403.
——（2009）「移動と都市生態を考慮したシェアに関する一考察」『東京国際大学人間社会学部論叢』66巻15号、75-93.
——（2008）「市民社会を生きる人びと——フランス・マグレブ系移民の場合」石塚道子・田沼幸子・冨山一郎編『ポスト・ユートピアの人類学』人文書院、135-159.
——（2004）「私たちの差異ある〈つながり〉のかたち——フランス・パリ郊外におけるマグレブ系移民第二世代の多民族的共同体」『文化人類学』69巻2号、271-291.

第14章：レオン・ブスケンス（Léon Buskens）

Buskens, Léon. 2020. "Dutch Anthropologists in Morocco: From Exoticism to Islam at Home." *Hespéris-Tamuda* 55(2): 347-390.
—— 2020. "Writers and Keepers. Notes on the Culture of Legal Documents in Morocco," in Toru Miura and Kentaro Sato (eds.). *The Vellum Contract Documents in Morocco in the Sixteenth to Nineteenth Centuries. Part II* Tokyo: The Toyo Bunko, 98-125.
—— 2017. "From Trash to Treasure: Ethnographic Notes on Collecting Legal Documents in Morocco," in Maaike Van Berkel, Léon Buskens, and Petra Sijpesteijn (eds.). *Legal Documents as Sources for the History of Muslim Societies. Studies in Honour of Rudolph Peters*. Leiden: Brill, 180-207.
—— 2014. "Paper Worlds. A Nesrani Ethnographer Entering the Manuscript Trade in Morocco," in François Pouillon and Mohammed Almoubaker (eds.). *Pratiquer les sciences sociales au Maghreb. Textes pour Driss Mansouri. Avec un choix de ses articles*. Casablanca: Fondation du Roi Abdul-Aziz Al Saoud pour les Etudes Islamiques et les Sciences Humaines, 239-266.
—— 2008. "Conversations with Mostapha: Learning about Islamic Law in a Bookshop in Rabat," in Jean Kommers and Eric Venbrux (eds.). *Cultural Styles in Knowledge Transmission. Essays in Honour of Ad Borsboom*. Amsterdam: Aksant Academic Publishers, 19-24.

第15章：竹村和朗

竹村和朗（2019）『現代エジプトの沙漠開発——土地の所有と利用をめぐる民族誌』風響社.
——（2016）「現代エジプトのファラハ——ブハイラ県バドル郡における結婚の祝宴の報告」『アジア・アフリカ言語文化研究』91号、5-40.

――（2005）「トルコの女性労働とナームス（性的名誉）規範」加藤博編『性と文化　イスラーム地域研究叢書第 6 巻』東京大学出版会、47-66.
Murakami, Kaoru. 2014. "Moral Language and the Politics of Need Interpretation: The Urban Poor and Social Assistance in Turkey." *Turkish Studies* 15 (2) : 181-194.

第 11 章：細谷幸子

細谷幸子（2019）「イトコ婚と遺伝病」『結婚と離婚 イスラーム・ジェンダースタディーズ 1』明石書店、234-246.
――（2017）「イランの「治療的人工妊娠中絶法」をめぐる議論」『生命倫理』27 巻 1 号、72-78.
Hosoya, Sachiko. 2021. "Wishes, Choices and Experiences in Marriage and Reproduction of People with Genetic Diseases: An Example of People with Thalassemia Major in Iran." *Ars Vivendi Journal* 13: 2-37.

第 12 章：岡戸真幸

岡戸真幸（2015）「エジプト都市部で同郷者団体が果たす役割と意義――アレクサンドリアのソハーグ県同郷者団体の事例から」『日本中東学会年報』31巻 1 号、29-62.
――（2012）『エジプト都市部における出稼ぎ労働者の社会的ネットワークと場をめぐる生活誌　上智大学アジア文化研究所 Monograph Series No.9』上智大学アジア文化研究所.

第 13 章：植村清加

植村清加（2017）「移民の子どもの『学校適応』を支える保育学校の役割と実践――フランス・パリ郊外の優先教育地区の事例から」山本須美子編『ヨーロッパにおける移民第二世代の学校適応――スーパー・ダイバーシティへの教育人類学的アプローチ』明石書店、193-224.
――（2016）「フランス・ムスリム移民たちの活動――パリ郊外でのモスク建設計画からみる地域と人びと」塩尻和子編『変革期イスラーム社会の宗教と紛争』明石書店、235-262.
――（2014）「パリ郊外から生まれ出ようとするもの――今を生きる「記憶」のかたち」森明子編『ヨーロッパ人類学の視座――ソシアルをとらえなおす』世界思想社、51-78.
――（2014）「ひとりで生きていくことを学ぶ――フランス・パリ地域、マグレブ系移民の家族事情」椎野若菜編『シングルのつなぐ縁　シングルの人類学 2』人文書院、157-178.
――（2009）「おやじといくストリート――パリのチュニジア人たちのカフェ通い

第 8 章：小栗宏太

小栗宏太（2021）「触発するシンボル――「文宣」からみる 2019 年香港デモ」『Quadrante』23, 119-147. (http://www.tufs.ac.jp/common/fs/ifa/e-pub/quad23.pdf)

――（2020）「ホラー映画と想像の地理――香港南洋邪術映画を題材に」『言語・地域文化研究』26 号、493-510.

――（2019）「方法としての新界――香港のフロンティア」倉田徹編『香港の過去・現在・未来』勉誠出版、242-253.

――（2019）「新界、もう一つの前線――元朗白シャツ隊事件の背後にあるもの」倉田徹、倉田明子編『香港危機の深層――「逃亡犯条例」改正問題と「一国二制度」のゆくえ』東京外国語大学出版会、297-339.

第 9 章：小川杏子

小川杏子（2020）「ナショナルな記憶が刻印される場所としての都市空間――トルコ共和国首都アンカラにおけるクーデター未遂事件後の空間表象をめぐって」『人間文化創成科学論叢』22 巻、193-201.

――（2018）「『ゲジェコンドゥ』における『居住権』運動とその背景――トルコ共和国アンカラ市を事例に」『アジア太平洋研究レビュー』15 号、47-64.

――（2017）「恐怖を抱くのは誰か――トルコ共和国でのフィールドワークを通じてみた『テロリズム』と恐怖の『あり方』をめぐる試論」『お茶の水地理』56 号、1-10.

第 10 章：村上薫

村上薫（2021）「名誉をよみかえる――イスタンブルの移住者社会における日常の暴力と抵抗」田中雅一、嶺崎寛子編『ジェンダー暴力の文化人類学――家族・国家・ディアスポラ社会』昭和堂、305-325.

――（2018）「トルコで不妊を生きる――キャリア女性が夢見る理想の家族」村上薫編『不妊治療の時代の中東――家族をつくる、家族を生きる』アジア経済研究所、121-148.

――（2014）「愛情とお金のあいだ――トルコの都市における経済的貧困と女性の孤独」椎野若菜編『シングルのつなぐ縁　シングルの人類学 2』人文書院、127-147.

――（2014）「トルコにおける市民概念の再編と都市貧困層の統治――公的扶助の実践に見る市民性への重層的包摂」『アジア経済』55 巻 2 号、36-61.

――（2013）「トルコの都市貧困女性と結婚・扶養・愛情――ナームス（性的名誉）再考の手がかりとして」『アジア経済』54 巻 3 号、28-47.

――（2011）「トルコの公的扶助と都市貧困層――『真の困窮者』をめぐる解釈の政治」『アジア経済』52 巻 4 号、60-86.

The Project on Middle East Political Science Studies 36 Youth Politics in the Middle East and North Africa, 69-72.

第５章：保井啓志

保井啓志（2021）「『あなたには居場所がある』――イスラエルの LGBT 運動における国家言説とシオニズムとの関係」『女性学』28 号、56-78.

――（2019）「『中東で最もゲイ・フレンドリーな街』――イスラエルの性的少数者に関する広報宣伝の言説分析」『日本中東学会年報』34 巻２号、35-70.

第６章：エイモン・クレイル（Aymon Kreil）

Kreil, Aymon. 2018. *Reinventing Love? Gender, Intimacy and Romance in the Arab World.* Bern: Peter Lang.（共編）

―― 2018. "Family Affairs: The doing and undoing of family in modern and contemporary Egypt," in Angelika Malinar and Simone Müller (eds.). *Asia and Europe – Interconnected: Agents, Concepts and Things*. Wiesbaden: Harassowitz, 279-293.

―― 2016. "The Price of Love: Valentine's Day in Egypt and its enemies." *Arab Studies Journal* 24 (2): 128-146.

―― 2016. "Territories of Desire: A geography of competing intimacies in Cairo." *Journal of Middle East Women's Studies* 12 (2): 166-180.

―― 2016. "Dire le harcèlement sexuel en Égypte: Les aléas de traduction d'une catégorie juridique." *Critique internationale* 70 : 101-114.

―― 2015. "Science de la psyché et connaissance de Dieu: Quelles conciliations ? Le cas d'une association de conseil psychologique au Caire." *Archives de Sciences sociales des religions* 170 : 269-284.

―― 2015. "Pudeur des corps, impudeurs des mots en Égypte: Formes et usages de la « rhétorique du bris de silence», sur la sexualité," in Yasmina Foehr-Janssens, Silvia Naef and Aline Schlaepfer (eds.). *Voile, corps et pudeur: Approches historiques et anthropologiques*. Genève: Labor et Fides, 155-168.

―― 2014. "Love Scales: Class and expression of feelings in Cairo." *La Ricerca Folklorica* 69: 83-91.

―― 2012. *'Ayd al-ḥubb fī Miṣr: Qirā' a fī al-ğadal al-dīnī wa al-thaqāfī*. Al- Iskandariyya: Bibliotheca Alexandrina.（共著）

第７章：賀川恵理香

賀川恵理香（2018）「フィールドワーク便り――変わりゆくブルカの姿――パキスタン・ラーホールの街角で」『アジア・アフリカ地域研究』17 巻２号、316-319.

ん、85-99.
Fujiya, Rika. 2020. "Exploring health literacy and its associated factors among Palestinian university students: a cross-sectional study." *Health Promotion International* 2020: daaa089. (https://doi.org/10.1093/heapro/daaa089)（共著）
—— 2020. "Psychometric properties of an Arabic-language health literacy assessment scale for adolescents (HAS-A-AR) in Palestine." *BMJ Open* 10 (6): e034943. (https://bmjopen.bmj.com/content/10/6/e034943)（共著）
—— 2007. "The influence of economic factors on the location of birth among Palestinian women in Bethlehem during the second Palestinian uprising." *Tropical Doctor* 37 (1): 13-18.（共著）

第 2 章：ダリラ・ゴドバン（Dalila Ghodbane）

Ghodbane, Dalila. 2019. "#12 / L'air et la manière. Pratiques et savoir-faire thermiques dans les espaces domestiques du Caire." *Urbanités* 12 / La ville (s)low tech.（http://www.revue-urbanites.fr/12-ghodbane/）
—— 2019. "Quartiers chauds. Les climats du Caire," in Karine Bennafla and Hala Bayoumi (eds.). *Atlas de l'Égypte contemporaine*. CNRS édition, 84-85. (https://books.openedition.org/editionscnrs/37532?lang=en)
—— 2018. "Consolidating Corniche El-Nahr's unbuilt environment," in *Proceedings of the conference "The Place That Remains: Recounting the Unbuilt Territory.*" 44-47. (http://sardassets.lau.edu.lb/arc_catalogs/the-place-that-remains.pdf)（共著）

第 3 章：伊東聰

伊東聰（2017）『「性別越境」をイスラームで考えた―― 1997-2003 年上巻 MTF 性同一障害当事者のアズハル大学退学事件からイスラームの性別越境を読む』発行 AL-QASAS. (PUBLISHING-ebook/dp/B0762MZ4G7)
——（2003）「エジプト・イスラムにおける *al-khunutha an-nafsiya* の医療と法――ムハンマド・サリ事件――なぜイスラムが性同一性障害者の法的対応をみとめたのか」『平成 14 年度　東亜大学通信制大学院　陣減化学研究論文集』2 巻、7-12.
——（1999）「ハトシェプストのトランスジェンダーにみる王位継承の問題」『エジプト学研究』7 巻、144-146.

第 4 章：南部真喜子

南部真喜子（2020）『エルサレムのパレスチナ人社会――壁への落書きが映す日常』風響社.
Nambu, Makiko. 2019. "Heroism and Adulthood among Arrested Youth in East Jerusalem."

◉執筆者による関連論文

「はじめに」で述べたように、本書の執筆者は、普段の論文において常に本論集に収められたようなフィールド経験について議論しているわけではない。ここで扱ったフィールド経験は、他の機会では深く言及されないことも多く、かわりに、個々の執筆者はそれぞれに専門とするテーマ、事象、アプローチといったものを中心に据えた論文執筆を行っている。読者のなかには、本書で記述された経験が、果たして最終的にどういった形で論文の一部を成しているかに興味を持たれた方もいるだろう。また本書を読んで、執筆者の別の論文に興味を持たれた方もいるかもしれない。そこで以下に、本書の執筆者による、本書で描いたフィールド経験を踏まえて執筆された（ただしそれが記述されているとは限らない）論文の書誌情報を共有したい。本書の内容と照らし合わせて考察を進めたり、フィールドについてより多くの情報を得たりと、それぞれの興味に合わせてご活用いただければ幸いである。

序章：鳥山純子

鳥山純子（2020）「庶民の夢は潰えたのか――エジプトで進む、教育のダブルスタンダード化」服部美奈、小林寧子編『教育とエンパワーメント　イスラーム・ジェンダー・スタディーズ3』明石書店、150-163.

――（2018）「3章 女性から見たカイロの生殖の一風景――家族をめぐる二つの期待の狭間で」村上薫編『不妊治療の時代の中東』IDE-JETROアジア経済研究所、81-110.

――（2018）「12章 ジェンダーから考えるイスラーム――女性にとっての「良い・悪い」の議論を超えて」小杉泰、黒田賢治、二ツ山達朗編『大学生・社会人のためのイスラーム講座』ナカニシヤ出版、201-219.

――（2018）「病の前の舅の姿を求めて」村上薫編『「中東における家族の変容」研究会調査報告書』アジア経済研究所、37-48.
（http://www.ide.go.jp/library/Japanese/Publish/Download/Report/2017/pdf/2017_2_40_005_ch03.pdf. 2018. 37-48）

第1章：藤屋リカ

藤屋リカ（2005）「変遷する障害者福祉――誰も置き去りにしない社会に向けて」「日本の医療支援――パレスチナに根づいた支援」臼杵陽、鈴木啓之編『パレスチナを知るための60章』明石書店、330-334、364-368.

――（2005）「パレスチナ、誇りと希望を胸に」日本国際ボランティアセンター（JVC）著『NGOの選択――グローバリゼーションと対テロ戦争の時代』めこ

Part III. Keeping Relationships Alive, Having Closures to Relationships

Chapter 13: Weaving Multifaceted Relationships within the Field (Sayaka Uemura) 196

Chapter 14: Friendship and Book Hunting in Morocco (Léon Buskens translated by Moe Nakanishi) 209

Chapter 15 The End of a Fieldwork: Or, the Reason for My Endless Visit to *Badr* District (Kazuaki Takemura) 220

Related Works of the Authors 242

Contents

Preface (Eiji Nagasawa) 3
Foreword (Junko Toriyama) 5

Introduction: Why the Voice from "the Field": Toward a Discussion of a Human Experience of "Islam and Gender" (Junko Toriyama) 17

Part I: Learning from Relationships, Building on Relationships

Chapter1: Between Life and Sex: Interviewing Palestinian Women as a Public Health Nurse (Rika Fujiya) 36
Chapter 2: Building Bonds, or the Science of Social Connections (Dalila Ghodbane translated by Natsumi Shida) 50
Chapter 3: Field Experience of a Hearing-Impaired Person: I Used to be Transgendered (Satoshi Ito) 62
Chapter 4: Knowing the Field, Knowing Others: Encountering the Field in Palestine (Makiko Nambu) 75
Chapter 5: How I Met Palestinian Gay "A" (Hiroshi Yasui) 86
Chapter 6: A Group of Good if Sometimes Uneasy Friends: Striving for Closeness During Fieldwork in Cairo (Aymon Kreil translated by Rikuo Hara) 98

Part II: Drifting with Relationships, Troubled by Relationships

Chapter 7: Feeling "Awkward": From the Fieldwork Experiences in Pakistan (Erika Kagawa) 112
Chapter 8: Where Two Oceans Meet: On Touching and Being Touched in Hong Kong (Kota Oguri) 125
Chapter 9: Fieldwork with the Question "Who am I?" (Kyoko Ogawa) 138
Chapter 10: The Merits and Demerits of Taking a Neutral Position (Kaoru Murakami) 150
Chapter 11: Countering Prejudice with Humor (Sachiko Hosoya) 164
Chapter 12: Tacking about against the Wind of Emotion: The Second Reading of the Fieldnotes on Egypt (Masaki Okado) 178

岡戸真幸（おかど・まさき）［第12章］
人間文化研究機構総合人間文化研究推進センター 研究員／上智大学研究機構イスラーム研究センター 客員研究員
専攻：人類学、地域研究
主な著作：「家族」、「婚姻」（鈴木董、近藤二郎、赤堀雅幸編『中東・オリエント文化事典』丸善出版、2020年）、「男性役割から不妊と家族を考える――上エジプト出身者との出会いから」（村上薫編『不妊治療の時代の中東――家族をつくる、家族を生きる』アジア経済研究所、2018年）。

植村清加（うえむら・さやか）［第13章］
東京国際大学 准教授
専攻：文化人類学
主な著作：「フランス・ムスリム移民たちの活動――パリ郊外でのモスク建設計画からみる地域と人びと」（塩尻和子編『変革期イスラーム社会の宗教と紛争』明石書店、2016年）、「パリ郊外から生まれ出ようとするもの――今を生きる『記憶』のかたち」（森明子編『ヨーロッパ人類学の視座――ソシアルをとらえなおす』世界思想社、2014年）。

レオン・ブスケンス（Léon Buskens）［第14章］
ライデン大学 教授、オランダモロッコ研究所（NIMAR）所長
専攻：人類学、イスラーム学、中東研究
主な著作："Dutch Anthropologists in Morocco: from Exoticism to Islam at Home" (*Hesperis Tamuda* 55(2), 2020), "Writers and Keepers: Notes on the Culture of Legal Documents in Morocco" (Miura Toru and Sato Kentaro (eds.), *The Vellum Contract Documents in Morocco in the Sixteenth to Nineteenth Centuries Part II.* Toyo Bunko, 2020), *Islamic Studies in the Twenty-first Century Transformations and Continuities*. (Buskens, Léon and Annemarie Van Sandrijk (eds.), Amsterdam University Press, 2016).

中西　萌（なかにし・もえ）［第14章翻訳］
京都大学大学院 アジア・アフリカ地域研究研究科 博士一貫課程
専攻：地域研究（レバノン・シリア）、移民・難民研究

竹村和朗（たけむら・かずあき）［第15章］
高千穂大学 准教授
専攻：地域研究（中東・エジプト）、文化人類学
主な著作：『現代エジプトの沙漠開発――土地の所有と利用をめぐる民族誌』（風響社、2019年）、「結婚までのプロセス――エジプトの例」（森田豊子、小野仁美編『結婚と離婚　イスラーム・ジェンダー・スタディーズ1』明石書店、2019年）、「商店、街、スーク、モール――現代エジプトの買い物事情」、「沙漠郊外という『夢』――現代カイロの郊外開発」、「笑いはエジプト人の嗜み――冗談話ヌクタ」、「沙漠を切り拓く『21世紀の夢』のはじまりとおわり？――トシュカ計画」（鈴木恵美編『現代エジプトを知るための60章』明石書店、2012年）。

原　陸郎（はら・りくお）［第6章翻訳］
京都大学大学院アジア・アフリカ地域研究研究科 博士一貫課程
専攻：中東地域研究、イスラーム思想研究

賀川恵理香（かがわ・えりか）［第7章］
京都大学大学院アジア・アフリカ地域研究研究科 博士一貫課程
専攻：南アジア地域研究
主な著作：「場に応じたオシャレを楽しむ」（『Field+：フィールドプラス――世界を感応する雑誌』no.24 東京外国語大学アジア・アフリカ言語文化研究所、2020年）、「フィールドワーク便り　変わりゆくブルカの姿――パキスタン・ラーホールの街角で」（『アジア・アフリカ地域研究』17巻2号、2018年）。

小栗宏太（おぐり・こうた）［第8章］
東京外国語大学 博士後期課程在学
専攻：香港文化研究、文化人類学
主な著作：「ホラー映画と想像の地理――香港南洋邪術映画を題材に」（『言語・地域文化研究』第26号、2020年）、「方法としての新界――香港のフロンティア」（倉田徹編『香港の過去・現在・未来』勉誠出版、2019年）、「新界、もう一つの前線――元朗白シャツ隊事件の背後にあるもの」（倉田徹、倉田明子編『香港危機の深層――「逃亡犯条例」改正問題と「一国二制度」のゆくえ』東京外国語大学出版会、2019年）。

小川杏子（おがわ・きょうこ）［第9章］
お茶の水女子大学 博士後期課程
専攻：地域研究（トルコ）、人文地理学
主な著作：「ナショナルな記憶が刻印される場所としての都市空間――トルコ共和国首都アンカラにおけるクーデター未遂事件後の空間表象をめぐって」（『人間文化論叢』、2020年）、「『ゲジェコンドゥ』における『居住権』運動とその背景――トルコ共和国アンカラ市を事例に」（『アジア太平洋研究レビュー』第15号、2018年）。

村上　薫（むらかみ・かおる）［第10章］
アジア経済研究所 主任研究員
専攻：トルコ地域研究、ジェンダー研究
主な著作：「名誉をよみかえる――イスタンブルの移住者社会における日常の暴力と抵抗」（田中雅一、嶺崎寛子編『ジェンダー暴力の文化人類学――家族・国家・ディアスポラ社会』昭和堂、2021年）、『不妊治療の時代の中東――家族をつくる、家族を生きる』（編著、アジア経済研究所、2018年）。

細谷幸子（ほそや・さちこ）［第11章］
国際医療福祉大学成田看護学部 教授
専攻：イラン地域研究、障害学
主な著作：「イランで病をもって生きる」（和崎春日編『響きあうフィールド、躍動する世界』刀水書房、2020年）、“Thalassemia and Three Iranian Patient Activists: Their Pursuit of Advocacy” (*SIAS Working Paper Series*, 29, 2019)、『イスラームと慈善活動――イランにおける入浴介助ボランティアの語りから』（ナカニシヤ出版、2011年）。

l'Égypte contemporaine, CNRS édition, 2019), "Consolidating Corniche El-Nahr's unbuilt environment" (co. authored with Arnaud Thomas, *Proceedings of the conference The Place That Remains: Recounting the Unbuilt Territory,* 2018)

志田夏美（しだ・なつみ）［第2章翻訳］
京都大学大学院アジア・アフリカ地域研究研究科 博士一貫課程
専攻：中央アジア地域研究、文化人類学（モノ研究）

伊東　聰（いとう・さとし）［第3章］
独立研究者、元GID活動家
専攻：古代エジプト考古学、比較法学、医療情報学
主な著作：『「性別越境」をイスラームで考えた――1997-2003年　上巻　MTF性同一障害当事者のアズハル大学退学事件からイスラームの性別越境を読む』（発行：AL-QASAS、2017年）、「エジプト・イスラムにおけるal-khunutha an-nafsiyaの医療と法–ムハンマド・サリ事件――なぜイスラムが性同一性障害者の法的対応をみとめたか」（『平成14年度 東亜大学通信制大学院 人間科学研究論文集』第2巻、2003年）、「ハトシェプストのトランスジェンダーにみる王位継承の問題」（『エジプト学研究』7、1999年）。

南部真喜子（なんぶ・まきこ）［第4章］
東京外国語大学大学院総合国際学研究科 博士後期課程
専攻：地域研究（パレスチナ／イスラエル）
主な著作：『エルサレムのパレスチナ人社会――壁への落書きが映す日常』（風響社、2020年）、"Heroism and Adulthood among Arrested Youth in East Jerusalem" (*The Project on Middle East Political Science Studies 36, Youth Politics in the Middle East and North Africa,* 2019).

保井啓志（やすい・ひろし）［第5章］
東京大学大学院総合文化研究科 博士後期課程
専攻：現代イスラエル研究、ジェンダー・セクシュアリティ研究
主な著作：「『あなたには居場所がある』――イスラエルのLGBT運動における国家言説とシオニズムとの関係」（『女性学』第28号、2021年）、「『中東で最もゲイ・フレンドリーな街』――イスラエルの性的少数者に関する広報宣伝の言説分析」（『日本中東学会年報』第34巻2号、2019年）。

エイモン・クレイル（Aymon Kreil）［第6章］
ゲント大学 助教授
専攻：中東人類学
主な著作：*Sex and Desire in Muslim Cultures: Beyond norm and transgression from the Abbasids to the Present Day.* (Aymon Kreil and Lucia Sorbera (eds.), I. B. Tauris, 2021), *Making Sense of Change: Methodological approaches to societies in transformation.* (Aymon Kreil, Yasmine Berrians, Annuska Derks and Dorothea Lüddeckens (eds.), Palgrave McMillan, 2021), "Territories of Desire: A geography of competing intimacies in Cairo" (*Journal of Middle East Women's Studies* 12 (2), 2016).

◉ 監修者紹介

長沢栄治（ながさわ・えいじ）
東京外国語大学アジア・アフリカ言語文化研究所 シニア・リサーチフェロー、東京大学名誉教授
専攻：中東地域研究、近代エジプト社会経済史
主な著作：『近代エジプト家族の社会史』（東京大学出版会、2019年）、『現代中東を読み解く――アラブ革命後の政治秩序とイスラーム』（後藤晃との共編著、明石書店、2016年）、『エジプトの自画像――ナイルの思想と地域研究』（平凡社、2013年）、『アラブ革命の遺産―エジプトのユダヤ系マルクス主義者とシオニズム』（平凡社、2012年）。

◉ 編著者紹介

鳥山純子（とりやま・じゅんこ）［序章］
立命館大学国際関係学部 准教授
専攻：文化人類学、ジェンダー論
主な著作：「グローバル化とジェンダー」（足立研幾・板木雅彦・白戸圭一・鳥山純子・南野泰義編『プライマリー国際関係学』ミネルヴァ書房、2021年）、「庶民の夢は潰えたのか――エジプトで進む教育のダブルスタンダード化」（服部美奈、小林寧子編『教育とエンパワーメント　イスラーム・ジェンダー・スタディーズ3』明石書店、2020年）、『イスラームってなに？　シリーズ２イスラームのくらし』（かもがわ出版、2017年）。

◉ 執筆者紹介（掲載順、［　］内は担当章）

藤屋リカ（ふじや・りか）［第１章］
慶應義塾大学看護医療学部／大学院健康マネジメント研究科 准教授
専攻：国際保健学、パレスチナ地域研究
主な著作：「日本の医療支援――パレスチナに根づいた支援」、「変遷する障害者福祉――誰も置き去りにしない社会に向けて」（臼杵陽、鈴木啓之編著『パレスチナを知るための60章』明石書店、2016年）、「パレスチナ、誇りと希望を胸に」（日本国際ボランティアセンター（JVC）著『NGOの選択――グローバリゼーションと対テロ戦争の時代』めこん、2005年）。

ダリラ・ゴドバン（Dalila Ghodbane）［第２章］
スイスイタリア語大学メンドリシオ建築アカデミー 博士課程
専攻：建築学
主な著作：“#12 / “L'air et la manière. Pratiques et savoir-faire thermiques dans les espaces domestiques du Caire” (*Urbanités* 12 /La ville (s) low tec 2019), “Quartiers chauds. Les climats du Caire” (Karine Bennafla and Hala Bayoumi (eds.). *Atlas de*

イスラーム・ジェンダー・スタディーズ 4
フィールド経験からの語り

2021 年 6 月 10 日　初版第 1 刷発行

監修者　長 沢 栄 治
編著者　鳥 山 純 子
発行者　大 江 道 雅
発行所　株式会社明石書店
〒 101-0021 東京都千代田区外神田 6-9-5
電話 03（5818）1171
FAX 03（5818）1174
振替　00100-7-24505
http://www.akashi.co.jp/
装丁／組版　明石書店デザイン室
印刷／製本　モリモト印刷株式会社

（定価はカバーに表示してあります）　ISBN978-4-7503-5219-0

現代中東を読み解く　アラブ革命後の政治秩序とイスラーム
後藤晃、長沢栄治編著　◎2600円

「女性をつくりかえる」という思想　中東におけるフェミニズムと近代性
明石ライブラリー 132　ライラ・アブー＝ルゴド編著　後藤絵美、竹村和朗ほか訳　◎6800円

イスラーム文明とは何か　現代科学技術と文化の礎
塩尻和子著　◎2500円

イスラーム／ムスリムをどう教えるか　ステレオタイプからの脱却を目指す異文化理解
荒井正剛、小林春夫編著　◎2300円

現代中国における「イスラーム復興」の民族誌　変貌するジャマーアの伝統秩序と民族自治
澤井充生著　◎6800円

中東・イスラーム世界の歴史・宗教・政治　多様なアプローチが織りなす地域研究の現在
髙岡豊、白谷望、溝渕正季編著　◎3600円

中東・イスラーム研究概説　政治学・経済学・社会学・地域研究のテーマと理論
私市正年、浜中新吾、横田貴之編著　◎2800円

変革期イスラーム社会の宗教と紛争
塩尻和子編著　◎2800円

中東・北アフリカにおけるジェンダー　イスラーム社会のダイナミズムと多様性
世界人権問題叢書 79　ザヒア・スマイール・サルヒー編著　鷹木恵子、大川真由子ほか訳　◎4700円

現代イランの社会と政治　つながる人びとと国家の挑戦
山岸智子編著　◎2800円

イスラーム世界のジェンダー秩序　「アラブの春」以降の女性たちの闘い
辻上奈美江著　◎2500円

トランスナショナル移民のノンフォーマル教育　女性トルコ移民による内発的な社会参画
丸山英樹著　◎6000円

香港の歴史　東洋と西洋の間に立つ人々
世界歴史叢書　ジョン・M・キャロル著　倉田明子、倉田徹訳　◎4300円

新版　エジプト近現代史　ムハンマド・アリー朝成立からムバーラク政権崩壊まで
世界歴史叢書　山口直彦著　◎4800円

フランス人とは何か　国籍をめぐる包摂と排除のポリティクス
パトリック・ヴェイユ著　宮島喬、大嶋厚、中力えり、村上一基訳　◎4500円

現代フランスにおける移民の子孫たち　都市・社会統合・アイデンティティの社会学
エマニュエル・サンテリ著　園山大祐監修　村上一基訳　◎2200円

〈価格は本体価格です〉